最新法律文件解读丛书

民事法律文件解读

总第177辑(2019.9)

最新法律文件解读丛书编选组　编

人民法院出版社

图书在版编目(CIP)数据

民事法律文件解读. 总第177辑/最新法律文件解读丛书编选组编. --北京:人民法院出版社,2019.11
(最新法律文件解读丛书)
ISBN 978-7-5109-2656-3

Ⅰ.①民… Ⅱ.①最… Ⅲ.①民法-法律解释-中国②民事诉讼法-法律解释-中国 Ⅳ.①D923.05②D925.105

中国版本图书馆CIP数据核字(2019)第244932号

民事法律文件解读·总第177辑
最新法律文件解读丛书编选组 编

责任编辑	丁丽娜
出版发行	人民法院出版社
地　　址	北京市东城区东交民巷27号　邮编　100745
电　　话	(010)67550608(责任编辑)　67550558(发行部查询) 65223677(读者服务部)
客服QQ	2092078039
网　　址	http://www.courtbook.com.cn
E-mail	courtbook@sina.com
印　　刷	三河市国英印务有限公司
经　　销	新华书店
开　　本	787毫米×1092毫米　1/16
字　　数	140千字
印　　张	8
版　　次	2019年11月第1版　2019年11月第1次印刷
书　　号	ISBN 978-7-5109-2656-3
定　　价	22.00元

卷首语

2019年8月26日，第十三届全国人大常委会第十二次会议表决通过《中华人民共和国药品管理法》修正案，于2019年12月1日施行。这是药品管理法自1984年颁布以来第二次系统性、结构性的重大修改，将药品领域改革成果和行之有效的做法上升为法律，为公众健康提供更有力的法治保障。此次修正的主要内容是：实施药品上市许可持有人制度；改革药品审批制度；完善药品全过程监管制度；明晰药品监管职责，完善监管措施；加大对违法行为的处罚力度，解决违法成本低、处罚力度弱的问题。为便于读者理解与适用新法，本辑收录了国家药品监督管理局有关负责人作出的关于药品管理法修正草案的说明。

党中央、国务院高度重视农村土地制度改革。习近平总书记指出，土地制度是国家的基础性制度，农村土地制度改革是个大事，涉及的主体、包含的利益关系十分复杂，必须审慎稳妥推进。按照党中央、国务院决策部署，在认真总结农村土地制度改革试点成果基础上，自然资源部会同有关方面起草了《〈中华人民共和国土地管理法〉〈中华人民共和国城市房地产管理法〉修正案（草案)》。2019年8月26日，第十三届全国人大常委会第十二次会议表决通过关于修改《中华人民共和国土地管理法》《中华人民共和国城市房地产管理法》的决定。党中央农村土地制度改革的决策和试点的成功经验，正式上升为法律，试点改革迈向依法改革、全国铺开。本辑收录了自然资源部有关负责人关于《〈中华人民共和国土地管理法〉〈中华人民共和国城市房地产管理法〉修正案（草案)》的说明。

《最新法律文件解读》丛书
编　辑　部

范春雪　（010）67550525
姜　峤　（010）67550573
丁丽娜　（010）67550608
张　奎　（010）67550673
路建华　（010）67550660

执行编辑　丁丽娜
邮　　箱　dlnlaw@163.com

目　录

【新类型疑难案例选评】

[法律、法律性文件与解读]

中华人民共和国药品管理法

(1984年9月20日第六届全国人民代表大会常务委员会第七次会议通过　2001年2月28日第九届全国人民代表大会常务委员会第二十次会议第一次修订　根据2013年12月28日第十二届全国人民代表大会常务委员会第六次会议《关于修改〈中华人民共和国海洋环境保护法〉等七部法律的决定》第一次修正　根据2015年4月24日第十二届全国人民代表大会常务委员会第十四次会议《关于修改〈中华人民共和国药品管理法〉的决定》第二次修正　2019年8月26日第十三届全国人民代表大会常务委员会第十二次会议第二次修订)

目　　录

第一章　总　　则

第一条　为了加强药品管理，保证药品质量，保障公众用药安全和合法权益，保护和促进公众健康，制定本法。

第二条　在中华人民共和国境内从事药品研制、生产、经营、使用和监督管理活动，适用本法。

本法所称药品，是指用于预防、治疗、诊断人的疾病，有目的地调节人的生理机能并规定有适应症或者功能主治、用法和用量的物质，包括中药、化学药和生物制品等。

第三条　药品管理应当以人民健康为中心，坚持风险管理、全程管控、社会共治的原则，建立科学、严格的监督管理制度，全面提升药品质量，保障药品的安全、有效、可及。

第四条　国家发展现代药和传统药，充分发挥其在预防、医疗和保健中的作用。

国家保护野生药材资源和中药品种，鼓励培育道地中药材。

第五条　国家鼓励研究和创制新药，保护公民、法人和其他组织研究、开发新药的合法权益。

第六条　国家对药品管理实行药品上市许可持有人制度。药品上市许可持有人依法对药品研制、生产、经营、使用全过程中药品的安全性、有效性和质量可控性负责。

第七条　从事药品研制、生产、经营、使用活动，应当遵守法律、法规、规章、标准和规范，保证全过程信息真实、准确、完整和可追溯。

第八条　国务院药品监督管理部门主管全国药品监督管理工作。国务院有关部门在各自职责范围内负责与药品有关的监督管理工作。国务院药品监督管理部门配合国务院有关部门，执行国家药品行业发展规划和产业政策。

省、自治区、直辖市人民政府药品监督管理部门负责本行政区域内的药品监督管理工作。设区的市级、县级人民政府承担药品监督管理职责的部门（以下称药品监督管理部门）负责本行政区域内的药品监督管理工作。县级以上地方人民政府有关部门在各自职责范围内负责与药品有关的监督管理工作。

第九条 县级以上地方人民政府对本行政区域内的药品监督管理工作负责，统一领导、组织、协调本行政区域内的药品监督管理工作以及药品安全突发事件应对工作，建立健全药品监督管理工作机制和信息共享机制。

第十条 县级以上人民政府应当将药品安全工作纳入本级国民经济和社会发展规划，将药品安全工作经费列入本级政府预算，加强药品监督管理能力建设，为药品安全工作提供保障。

第十一条 药品监督管理部门设置或者指定的药品专业技术机构，承担依法实施药品监督管理所需的审评、检验、核查、监测与评价等工作。

第十二条 国家建立健全药品追溯制度。国务院药品监督管理部门应当制定统一的药品追溯标准和规范，推进药品追溯信息互通互享，实现药品可追溯。

国家建立药物警戒制度，对药品不良反应及其他与用药有关的有害反应进行监测、识别、评估和控制。

第十三条 各级人民政府及其有关部门、药品行业协会等应当加强药品安全宣传教育，开展药品安全法律法规等知识的普及工作。

新闻媒体应当开展药品安全法律法规等知识的公益宣传，并对药品违法行为进行舆论监督。有关药品的宣传报道应当全面、科学、客观、公正。

第十四条 药品行业协会应当加强行业自律，建立健全行业规范，推动行业诚信体系建设，引导和督促会员依法开展药品生产经营等活动。

第十五条 县级以上人民政府及其有关部门对在药品研制、生产、经营、使用和监督管理工作中做出突出贡献的单位和个人，按照国家有关规定给予表彰、奖励。

第二章 药品研制和注册

第十六条 国家支持以临床价值为导向、对人的疾病具有明确或者特殊疗效的药物创新，鼓励具有新的治疗机理、治疗严重危及生命的疾病或者罕见病、对人体具有多靶向系统性调节干预功能等的新药研制，推动药品技术进步。

国家鼓励运用现代科学技术和传统中药研究方法开展中药科学技术研究和药物开发，建立和完善符合中药特点的技术评价体系，促进中药传承创新。

国家采取有效措施，鼓励儿童用药品的研制和创新，支持开发符合儿童生理特征的儿童用药品新品种、剂型和规格，对儿童用药品予以优先审评审批。

第十七条 从事药品研制活动，应当遵守药物非临床研究质量管理规范、药物临床试验质量管理规范，保证药品研制全过程持续符合法定要求。

药物非临床研究质量管理规范、药物临床试验质量管理规范由国务院药品监督管理部门会同国务院有关部门制定。

第十八条 开展药物非临床研究，应当符合国家有关规定，有与研究项目相适应的人员、场地、设备、仪器和管理制度，保证有关数据、资料和样品的真实性。

第十九条 开展药物临床试验，应当按照国务院药品监督管理部门的规定如实报送研制方法、质量指标、药理及毒理试验结果等有关数据、资料和样品，经国务院药品监督管理部门批准。国务院药品监督管理部门应当自受理临床试验申请之日起六十个工作日内决定是否同意并通知临床试验申办者，逾期未通知的，视为同意。其中，开展生物等效性试验的，报国务院药品监督管理部门备案。

开展药物临床试验，应当在具备相应条件的临床试验机构进行。药物临床试验机构实行备案管理，具体办法由国务院药品监督管理部门、国务院卫生健康主管部门共同制定。

第二十条 开展药物临床试验，应当符合伦理原则，制定临床试验方案，经伦理委员会审查同意。

伦理委员会应当建立伦理审查工作制度，保证伦理审查过程独立、客观、公正，监督规范开展药物临床试验，保障受试者合法权益，维护社会公共利益。

第二十一条 实施药物临床试验，应当向受试者或者其监护人如实说明和解释临床试验的目的和风险等详细情况，取得受试者或者其监护人自愿签署的知情同意书，并采取有效措施保护受试者合法权益。

第二十二条 药物临床试验期间，发现存在安全性问题或者其他风险的，临床试验申办者应当及时调整临床试验方案、暂停或者终止临床试验，并向国务院药品监督管理部门报告。必要时，国务院药品监督管理部门可以责令调整临床试验方案、暂停或者终止临床试验。

第二十三条 对正在开展临床试验的用于治疗严重危及生命且尚无有效治疗手段的疾病的药物，经医学观察可能获益，并且符合伦理原则的，经审查、知情同意后可以在开展临床试验的机构内用于其他病情相同的患者。

第二十四条 在中国境内上市的药品，应当经国务院药品监督管理部门批准，取得药品注册证书；但是，未实施审批管理的中药材和中药饮片除外。实施审批管理的中药材、中药饮片品种目录由国务院药品监督管理部门会同国务院中医药主管部门制定。

申请药品注册，应当提供真实、充分、可靠的数据、资料和样品，证明药品的安全性、有效性和质量可控性。

第二十五条 对申请注册的药品，国务院药品监督管理部门应当组织药学、医学和其他技术人员进行审评，对药品的安全性、有效性和质量可控性以及申请人的质量管理、风险防控和责任赔偿等能力进行审查；符合条件的，颁发药品注册证书。

国务院药品监督管理部门在审批药品时，对化学原料药一并审评审批，对相关辅料、直接接触药品的包装材料和容器一并审评，对药品的质量标准、生产工艺、标签和说明书一并核准。

本法所称辅料，是指生产药品和调配处方时所用的赋形剂和附加剂。

第二十六条 对治疗严重危及生命且尚无有效治疗手段的疾病以及公共卫生方面急需的药品，药物临床试验已有数据显示疗效并能预测其临床价值的，可以附条件批准，并在药品注册证书中载明相关事项。

第二十七条 国务院药品监督管理部门应当完善药品审评审批工作制度，加强能力建设，建立健全沟通交流、专家咨询等机制，优化审评审批流程，提高审评审批效率。

批准上市药品的审评结论和依据应当依法公开，接受社会监督。对审评审批中知悉的商业秘密应当保密。

第二十八条 药品应当符合国家药品标准。经国务院药品监督管理部门核准的药品质量标准高于国家药品标准的，按照经核准的药品质量标准执行；没有国家药品标准的，应当符合经核准的药品质量标准。

国务院药品监督管理部门颁布的《中华人民共和国药典》和药品标准为国家药品标准。

国务院药品监督管理部门会同国务院卫生健康主管部门组织药典委员会，负责国家药品标准的制定和修订。

国务院药品监督管理部门设置或者指定的药品检验机构负责标定国家药品

标准品、对照品。

第二十九条 列入国家药品标准的药品名称为药品通用名称。已经作为药品通用名称的，该名称不得作为药品商标使用。

第三章 药品上市许可持有人

第三十条 药品上市许可持有人是指取得药品注册证书的企业或者药品研制机构等。

药品上市许可持有人应当依照本法规定，对药品的非临床研究、临床试验、生产经营、上市后研究、不良反应监测及报告与处理等承担责任。其他从事药品研制、生产、经营、储存、运输、使用等活动的单位和个人依法承担相应责任。

药品上市许可持有人的法定代表人、主要负责人对药品质量全面负责。

第三十一条 药品上市许可持有人应当建立药品质量保证体系，配备专门人员独立负责药品质量管理。

药品上市许可持有人应当对受托药品生产企业、药品经营企业的质量管理体系进行定期审核，监督其持续具备质量保证和控制能力。

第三十二条 药品上市许可持有人可以自行生产药品，也可以委托药品生产企业生产。

药品上市许可持有人自行生产药品的，应当依照本法规定取得药品生产许可证；委托生产的，应当委托符合条件的药品生产企业。药品上市许可持有人和受托生产企业应当签订委托协议和质量协议，并严格履行协议约定的义务。

国务院药品监督管理部门制定药品委托生产质量协议指南，指导、监督药品上市许可持有人和受托生产企业履行药品质量保证义务。

血液制品、麻醉药品、精神药品、医疗用毒性药品、药品类易制毒化学品不得委托生产；但是，国务院药品监督管理部门另有规定的除外。

第三十三条 药品上市许可持有人应当建立药品上市放行规程，对药品生产企业出厂放行的药品进行审核，经质量受权人签字后方可放行。不符合国家药品标准的，不得放行。

第三十四条 药品上市许可持有人可以自行销售其取得药品注册证书的药品，也可以委托药品经营企业销售。药品上市许可持有人从事药品零售活动的，应当取得药品经营许可证。

药品上市许可持有人自行销售药品的，应当具备本法第五十二条规定的条件；委托销售的，应当委托符合条件的药品经营企业。药品上市许可持有人和受托经营企业应当签订委托协议，并严格履行协议约定的义务。

第三十五条 药品上市许可持有人、药品生产企业、药品经营企业委托储存、运输药品的，应当对受托方的质量保证能力和风险管理能力进行评估，与其签订委托协议，约定药品质量责任、操作规程等内容，并对受托方进行监督。

第三十六条 药品上市许可持有人、药品生产企业、药品经营企业和医疗机构应当建立并实施药品追溯制度，按照规定提供追溯信息，保证药品可追溯。

第三十七条 药品上市许可持有人应当建立年度报告制度，每年将药品生产销售、上市后研究、风险管理等情况按照规定向省、自治区、直辖市人民政府药品监督管理部门报告。

第三十八条 药品上市许可持有人为境外企业的，应当由其指定的在中国境内的企业法人履行药品上市许可持有人义务，与药品上市许可持有人承担连带责任。

第三十九条 中药饮片生产企业履行药品上市许可持有人的相关义务，对中药饮片生产、销售实行全过程管理，建立中药饮片追溯体系，保证中药饮片安全、有效、可追溯。

第四十条 经国务院药品监督管理部门批准，药品上市许可持有人可以转让药品上市许可。受让方应当具备保障药品安全性、有效性和质量可控性的质量管理、风险防控和责任赔偿等能力，履行药品上市许可持有人义务。

第四章 药品生产

第四十一条 从事药品生产活动，应当经所在地省、自治区、直辖市人民政府药品监督管理部门批准，取得药品生产许可证。无药品生产许可证的，不得生产药品。

药品生产许可证应当标明有效期和生产范围，到期重新审查发证。

第四十二条 从事药品生产活动，应当具备以下条件：

（一）有依法经过资格认定的药学技术人员、工程技术人员及相应的技术工人；

（二）有与药品生产相适应的厂房、设施和卫生环境；

（三）有能对所生产药品进行质量管理和质量检验的机构、人员及必要的仪器设备；

（四）有保证药品质量的规章制度，并符合国务院药品监督管理部门依据本法制定的药品生产质量管理规范要求。

第四十三条 从事药品生产活动，应当遵守药品生产质量管理规范，建立健全药品生产质量管理体系，保证药品生产全过程持续符合法定要求。

药品生产企业的法定代表人、主要负责人对本企业的药品生产活动全面负责。

第四十四条 药品应当按照国家药品标准和经药品监督管理部门核准的生产工艺进行生产。生产、检验记录应当完整准确，不得编造。

中药饮片应当按照国家药品标准炮制；国家药品标准没有规定的，应当按照省、自治区、直辖市人民政府药品监督管理部门制定的炮制规范炮制。省、自治区、直辖市人民政府药品监督管理部门制定的炮制规范应当报国务院药品监督管理部门备案。不符合国家药品标准或者不按照省、自治区、直辖市人民政府药品监督管理部门制定的炮制规范炮制的，不得出厂、销售。

第四十五条 生产药品所需的原料、辅料，应当符合药用要求、药品生产质量管理规范的有关要求。

生产药品，应当按照规定对供应原料、辅料等的供应商进行审核，保证购进、使用的原料、辅料等符合前款规定要求。

第四十六条 直接接触药品的包装材料和容器，应当符合药用要求，符合保障人体健康、安全的标准。

对不合格的直接接触药品的包装材料和容器，由药品监督管理部门责令停止使用。

第四十七条 药品生产企业应当对药品进行质量检验。不符合国家药品标准的，不得出厂。

药品生产企业应当建立药品出厂放行规程，明确出厂放行的标准、条件。符合标准、条件的，经质量受权人签字后方可放行。

第四十八条 药品包装应当适合药品质量的要求，方便储存、运输和医疗使用。

发运中药材应当有包装。在每件包装上，应当注明品名、产地、日期、供货单位，并附有质量合格的标志。

第四十九条 药品包装应当按照规定印有或者贴有标签并附有说明书。

标签或者说明书应当注明药品的通用名称、成份、规格、上市许可持有人及其地址、生产企业及其地址、批准文号、产品批号、生产日期、有效期、适应症或者功能主治、用法、用量、禁忌、不良反应和注意事项。标签、说明书中的文字应当清晰，生产日期、有效期等事项应当显著标注，容易辨识。

麻醉药品、精神药品、医疗用毒性药品、放射性药品、外用药品和非处方药的标签、说明书，应当印有规定的标志。

第五十条 药品上市许可持有人、药品生产企业、药品经营企业和医疗机构中直接接触药品的工作人员，应当每年进行健康检查。患有传染病或者其他可能污染药品的疾病的，不得从事直接接触药品的工作。

第五章　药品经营

第五十一条 从事药品批发活动，应当经所在地省、自治区、直辖市人民政府药品监督管理部门批准，取得药品经营许可证。从事药品零售活动，应当经所在地县级以上地方人民政府药品监督管理部门批准，取得药品经营许可证。无药品经营许可证的，不得经营药品。

药品经营许可证应当标明有效期和经营范围，到期重新审查发证。

药品监督管理部门实施药品经营许可，除依据本法第五十二条规定的条件外，还应当遵循方便群众购药的原则。

第五十二条 从事药品经营活动应当具备以下条件：

（一）有依法经过资格认定的药师或者其他药学技术人员；

（二）有与所经营药品相适应的营业场所、设备、仓储设施和卫生环境；

（三）有与所经营药品相适应的质量管理机构或者人员；

（四）有保证药品质量的规章制度，并符合国务院药品监督管理部门依据本法制定的药品经营质量管理规范要求。

第五十三条 从事药品经营活动，应当遵守药品经营质量管理规范，建立健全药品经营质量管理体系，保证药品经营全过程持续符合法定要求。

国家鼓励、引导药品零售连锁经营。从事药品零售连锁经营活动的企业总部，应当建立统一的质量管理制度，对所属零售企业的经营活动履行管理责任。

药品经营企业的法定代表人、主要负责人对本企业的药品经营活动全面负责。

第五十四条 国家对药品实行处方药与非处方药分类管理制度。具体办法由国务院药品监督管理部门会同国务院卫生健康主管部门制定。

第五十五条 药品上市许可持有人、药品生产企业、药品经营企业和医疗机构应当从药品上市许可持有人或者具有药品生产、经营资格的企业购进药品；但是，购进未实施审批管理的中药材除外。

第五十六条 药品经营企业购进药品，应当建立并执行进货检查验收制度，验明药品合格证明和其他标识；不符合规定要求的，不得购进和销售。

第五十七条 药品经营企业购销药品，应当有真实、完整的购销记录。购销记录应当注明药品的通用名称、剂型、规格、产品批号、有效期、上市许可持有人、生产企业、购销单位、购销数量、购销价格、购销日期及国务院药品监督管理部门规定的其他内容。

第五十八条 药品经营企业零售药品应当准确无误，并正确说明用法、用量和注意事项；调配处方应当经过核对，对处方所列药品不得擅自更改或者代用。对有配伍禁忌或者超剂量的处方，应当拒绝调配；必要时，经处方医师更正或者重新签字，方可调配。

药品经营企业销售中药材，应当标明产地。

依法经过资格认定的药师或者其他药学技术人员负责本企业的药品管理、处方审核和调配、合理用药指导等工作。

第五十九条 药品经营企业应当制定和执行药品保管制度，采取必要的冷藏、防冻、防潮、防虫、防鼠等措施，保证药品质量。

药品入库和出库应当执行检查制度。

第六十条 城乡集市贸易市场可以出售中药材，国务院另有规定的除外。

第六十一条 药品上市许可持有人、药品经营企业通过网络销售药品，应当遵守本法药品经营的有关规定。具体管理办法由国务院药品监督管理部门会同国务院卫生健康主管部门等部门制定。

疫苗、血液制品、麻醉药品、精神药品、医疗用毒性药品、放射性药品、药品类易制毒化学品等国家实行特殊管理的药品不得在网络上销售。

第六十二条 药品网络交易第三方平台提供者应当按照国务院药品监督管理

理部门的规定，向所在地省、自治区、直辖市人民政府药品监督管理部门备案。

第三方平台提供者应当依法对申请进入平台经营的药品上市许可持有人、药品经营企业的资质等进行审核，保证其符合法定要求，并对发生在平台的药品经营行为进行管理。

第三方平台提供者发现进入平台经营的药品上市许可持有人、药品经营企业有违反本法规定行为的，应当及时制止并立即报告所在地县级人民政府药品监督管理部门；发现严重违法行为的，应当立即停止提供网络交易平台服务。

第六十三条 新发现和从境外引种的药材，经国务院药品监督管理部门批准后，方可销售。

第六十四条 药品应当从允许药品进口的口岸进口，并由进口药品的企业向口岸所在地药品监督管理部门备案。海关凭药品监督管理部门出具的进口药品通关单办理通关手续。无进口药品通关单的，海关不得放行。

口岸所在地药品监督管理部门应当通知药品检验机构按照国务院药品监督管理部门的规定对进口药品进行抽查检验。

允许药品进口的口岸由国务院药品监督管理部门会同海关总署提出，报国务院批准。

第六十五条 医疗机构因临床急需进口少量药品的，经国务院药品监督管理部门或者国务院授权的省、自治区、直辖市人民政府批准，可以进口。进口的药品应当在指定医疗机构内用于特定医疗目的。

个人自用携带入境少量药品，按照国家有关规定办理。

第六十六条 进口、出口麻醉药品和国家规定范围内的精神药品，应当持有国务院药品监督管理部门颁发的进口准许证、出口准许证。

第六十七条 禁止进口疗效不确切、不良反应大或者因其他原因危害人体健康的药品。

第六十八条 国务院药品监督管理部门对下列药品在销售前或者进口时，应当指定药品检验机构进行检验；未经检验或者检验不合格的，不得销售或者进口：

（一）首次在中国境内销售的药品；

（二）国务院药品监督管理部门规定的生物制品；

（三）国务院规定的其他药品。

第六章　医疗机构药事管理

第六十九条　医疗机构应当配备依法经过资格认定的药师或者其他药学技术人员，负责本单位的药品管理、处方审核和调配、合理用药指导等工作。非药学技术人员不得直接从事药剂技术工作。

第七十条　医疗机构购进药品，应当建立并执行进货检查验收制度，验明药品合格证明和其他标识；不符合规定要求的，不得购进和使用。

第七十一条　医疗机构应当有与所使用药品相适应的场所、设备、仓储设施和卫生环境，制定和执行药品保管制度，采取必要的冷藏、防冻、防潮、防虫、防鼠等措施，保证药品质量。

第七十二条　医疗机构应当坚持安全有效、经济合理的用药原则，遵循药品临床应用指导原则、临床诊疗指南和药品说明书等合理用药，对医师处方、用药医嘱的适宜性进行审核。

医疗机构以外的其他药品使用单位，应当遵守本法有关医疗机构使用药品的规定。

第七十三条　依法经过资格认定的药师或者其他药学技术人员调配处方，应当进行核对，对处方所列药品不得擅自更改或者代用。对有配伍禁忌或者超剂量的处方，应当拒绝调配；必要时，经处方医师更正或者重新签字，方可调配。

第七十四条　医疗机构配制制剂，应当经所在地省、自治区、直辖市人民政府药品监督管理部门批准，取得医疗机构制剂许可证。无医疗机构制剂许可证的，不得配制制剂。

医疗机构制剂许可证应当标明有效期，到期重新审查发证。

第七十五条　医疗机构配制制剂，应当有能够保证制剂质量的设施、管理制度、检验仪器和卫生环境。

医疗机构配制制剂，应当按照经核准的工艺进行，所需的原料、辅料和包装材料等应当符合药用要求。

第七十六条　医疗机构配制的制剂，应当是本单位临床需要而市场上没有供应的品种，并应当经所在地省、自治区、直辖市人民政府药品监督管理部门批准；但是，法律对配制中药制剂另有规定的除外。

医疗机构配制的制剂应当按照规定进行质量检验；合格的，凭医师处方在本单位使用。经国务院药品监督管理部门或者省、自治区、直辖市人民政府药品监督管理部门批准，医疗机构配制的制剂可以在指定的医疗机构之间调剂使用。

医疗机构配制的制剂不得在市场上销售。

第七章　药品上市后管理

第七十七条　药品上市许可持有人应当制定药品上市后风险管理计划，主动开展药品上市后研究，对药品的安全性、有效性和质量可控性进行进一步确证，加强对已上市药品的持续管理。

第七十八条　对附条件批准的药品，药品上市许可持有人应当采取相应风险管理措施，并在规定期限内按照要求完成相关研究；逾期未按照要求完成研究或者不能证明其获益大于风险的，国务院药品监督管理部门应当依法处理，直至注销药品注册证书。

第七十九条　对药品生产过程中的变更，按照其对药品安全性、有效性和质量可控性的风险和产生影响的程度，实行分类管理。属于重大变更的，应当经国务院药品监督管理部门批准，其他变更应当按照国务院药品监督管理部门的规定备案或者报告。

药品上市许可持有人应当按照国务院药品监督管理部门的规定，全面评估、验证变更事项对药品安全性、有效性和质量可控性的影响。

第八十条　药品上市许可持有人应当开展药品上市后不良反应监测，主动收集、跟踪分析疑似药品不良反应信息，对已识别风险的药品及时采取风险控制措施。

第八十一条　药品上市许可持有人、药品生产企业、药品经营企业和医疗机构应当经常考察本单位所生产、经营、使用的药品质量、疗效和不良反应。发现疑似不良反应的，应当及时向药品监督管理部门和卫生健康主管部门报告。具体办法由国务院药品监督管理部门会同国务院卫生健康主管部门制定。

对已确认发生严重不良反应的药品，由国务院药品监督管理部门或者省、自治区、直辖市人民政府药品监督管理部门根据实际情况采取停止生产、销售、使用等紧急控制措施，并应当在五日内组织鉴定，自鉴定结论作出之日起十五日内依法作出行政处理决定。

第八十二条 药品存在质量问题或者其他安全隐患的，药品上市许可持有人应当立即停止销售，告知相关药品经营企业和医疗机构停止销售和使用，召回已销售的药品，及时公开召回信息，必要时应当立即停止生产，并将药品召回和处理情况向省、自治区、直辖市人民政府药品监督管理部门和卫生健康主管部门报告。药品生产企业、药品经营企业和医疗机构应当配合。

药品上市许可持有人依法应当召回药品而未召回的，省、自治区、直辖市人民政府药品监督管理部门应当责令其召回。

第八十三条 药品上市许可持有人应当对已上市药品的安全性、有效性和质量可控性定期开展上市后评价。必要时，国务院药品监督管理部门可以责令药品上市许可持有人开展上市后评价或者直接组织开展上市后评价。

经评价，对疗效不确切、不良反应大或者因其他原因危害人体健康的药品，应当注销药品注册证书。

已被注销药品注册证书的药品，不得生产或者进口、销售和使用。

已被注销药品注册证书、超过有效期等的药品，应当由药品监督管理部门监督销毁或者依法采取其他无害化处理等措施。

第八章　药品价格和广告

第八十四条 国家完善药品采购管理制度，对药品价格进行监测，开展成本价格调查，加强药品价格监督检查，依法查处价格垄断、哄抬价格等药品价格违法行为，维护药品价格秩序。

第八十五条 依法实行市场调节价的药品，药品上市许可持有人、药品生产企业、药品经营企业和医疗机构应当按照公平、合理和诚实信用、质价相符的原则制定价格，为用药者提供价格合理的药品。

药品上市许可持有人、药品生产企业、药品经营企业和医疗机构应当遵守国务院药品价格主管部门关于药品价格管理的规定，制定和标明药品零售价格，禁止暴利、价格垄断和价格欺诈等行为。

第八十六条 药品上市许可持有人、药品生产企业、药品经营企业和医疗机构应当依法向药品价格主管部门提供其药品的实际购销价格和购销数量等资料。

第八十七条 医疗机构应当向患者提供所用药品的价格清单，按照规定如实公布其常用药品的价格，加强合理用药管理。具体办法由国务院卫生健康主管部门制定。

第八十八条 禁止药品上市许可持有人、药品生产企业、药品经营企业和医疗机构在药品购销中给予、收受回扣或者其他不正当利益。

禁止药品上市许可持有人、药品生产企业、药品经营企业或者代理人以任何名义给予使用其药品的医疗机构的负责人、药品采购人员、医师、药师等有关人员财物或者其他不正当利益。禁止医疗机构的负责人、药品采购人员、医师、药师等有关人员以任何名义收受药品上市许可持有人、药品生产企业、药品经营企业或者代理人给予的财物或者其他不正当利益。

第八十九条 药品广告应当经广告主所在地省、自治区、直辖市人民政府确定的广告审查机关批准；未经批准的，不得发布。

第九十条 药品广告的内容应当真实、合法，以国务院药品监督管理部门核准的药品说明书为准，不得含有虚假的内容。

药品广告不得含有表示功效、安全性的断言或者保证；不得利用国家机关、科研单位、学术机构、行业协会或者专家、学者、医师、药师、患者等的名义或者形象作推荐、证明。

非药品广告不得有涉及药品的宣传。

第九十一条 药品价格和广告，本法未作规定的，适用《中华人民共和国价格法》、《中华人民共和国反垄断法》、《中华人民共和国反不正当竞争法》、《中华人民共和国广告法》等的规定。

第九章 药品储备和供应

第九十二条 国家实行药品储备制度，建立中央和地方两级药品储备。

发生重大灾情、疫情或者其他突发事件时，依照《中华人民共和国突发事件应对法》的规定，可以紧急调用药品。

第九十三条 国家实行基本药物制度，遴选适当数量的基本药物品种，加强组织生产和储备，提高基本药物的供给能力，满足疾病防治基本用药需求。

第九十四条 国家建立药品供求监测体系，及时收集和汇总分析短缺药品供求信息，对短缺药品实行预警，采取应对措施。

第九十五条 国家实行短缺药品清单管理制度。具体办法由国务院卫生健康主管部门会同国务院药品监督管理部门等部门制定。

药品上市许可持有人停止生产短缺药品的，应当按照规定向国务院药品监督管理部门或者省、自治区、直辖市人民政府药品监督管理部门报告。

第九十六条 国家鼓励短缺药品的研制和生产，对临床急需的短缺药品、防治重大传染病和罕见病等疾病的新药予以优先审评审批。

第九十七条 对短缺药品，国务院可以限制或者禁止出口。必要时，国务院有关部门可以采取组织生产、价格干预和扩大进口等措施，保障药品供应。

药品上市许可持有人、药品生产企业、药品经营企业应当按照规定保障药品的生产和供应。

第十章 监督管理

第九十八条 禁止生产（包括配制，下同）、销售、使用假药、劣药。

有下列情形之一的，为假药：

（一）药品所含成份与国家药品标准规定的成份不符；

（二）以非药品冒充药品或者以他种药品冒充此种药品；

（三）变质的药品；

（四）药品所标明的适应症或者功能主治超出规定范围。

有下列情形之一的，为劣药：

（一）药品成份的含量不符合国家药品标准；

（二）被污染的药品；

（三）未标明或者更改有效期的药品；

（四）未注明或者更改产品批号的药品；

（五）超过有效期的药品；

（六）擅自添加防腐剂、辅料的药品；

（七）其他不符合药品标准的药品。

禁止未取得药品批准证明文件生产、进口药品；禁止使用未按照规定审评、审批的原料药、包装材料和容器生产药品。

第九十九条 药品监督管理部门应当依照法律、法规的规定对药品研制、生产、经营和药品使用单位使用药品等活动进行监督检查，必要时可以对为药品研制、生产、经营、使用提供产品或者服务的单位和个人进行延伸检查，有关单位和个人应当予以配合，不得拒绝和隐瞒。

药品监督管理部门应当对高风险的药品实施重点监督检查。

对有证据证明可能存在安全隐患的，药品监督管理部门根据监督检查情况，应当采取告诫、约谈、限期整改以及暂停生产、销售、使用、进口等措施，并及时公布检查处理结果。

药品监督管理部门进行监督检查时，应当出示证明文件，对监督检查中知悉的商业秘密应当保密。

第一百条 药品监督管理部门根据监督管理的需要，可以对药品质量进行抽查检验。抽查检验应当按照规定抽样，并不得收取任何费用；抽样应当购买样品。所需费用按照国务院规定列支。

对有证据证明可能危害人体健康的药品及其有关材料，药品监督管理部门可以查封、扣押，并在七日内作出行政处理决定；药品需要检验的，应当自检验报告书发出之日起十五日内作出行政处理决定。

第一百零一条 国务院和省、自治区、直辖市人民政府的药品监督管理部门应当定期公告药品质量抽查检验结果；公告不当的，应当在原公告范围内予以更正。

第一百零二条 当事人对药品检验结果有异议的，可以自收到药品检验结果之日起七日内向原药品检验机构或者上一级药品监督管理部门设置或者指定的药品检验机构申请复验，也可以直接向国务院药品监督管理部门设置或者指定的药品检验机构申请复验。受理复验的药品检验机构应当在国务院药品监督管理部门规定的时间内作出复验结论。

第一百零三条 药品监督管理部门应当对药品上市许可持有人、药品生产企业、药品经营企业和药物非临床安全性评价研究机构、药物临床试验机构等遵守药品生产质量管理规范、药品经营质量管理规范、药物非临床研究质量管理规范、药物临床试验质量管理规范等情况进行检查，监督其持续符合法定要求。

第一百零四条 国家建立职业化、专业化药品检查员队伍。检查员应当熟悉药品法律法规，具备药品专业知识。

第一百零五条 药品监督管理部门建立药品上市许可持有人、药品生产企业、药品经营企业、药物非临床安全性评价研究机构、药物临床试验机构和医疗机构药品安全信用档案，记录许可颁发、日常监督检查结果、违法行为查处等情况，依法向社会公布并及时更新；对有不良信用记录的，增加监督检查频次，并可以按照国家规定实施联合惩戒。

第一百零六条 药品监督管理部门应当公布本部门的电子邮件地址、电话，接受咨询、投诉、举报，并依法及时答复、核实、处理。对查证属实的举报，按照有关规定给予举报人奖励。

药品监督管理部门应当对举报人的信息予以保密，保护举报人的合法权益。举报人举报所在单位的，该单位不得以解除、变更劳动合同或者其他方式对举报人进行打击报复。

第一百零七条 国家实行药品安全信息统一公布制度。国家药品安全总体情况、药品安全风险警示信息、重大药品安全事件及其调查处理信息和国务院确定需要统一公布的其他信息由国务院药品监督管理部门统一公布。药品安全风险警示信息和重大药品安全事件及其调查处理信息的影响限于特定区域的，也可以由有关省、自治区、直辖市人民政府药品监督管理部门公布。未经授权不得发布上述信息。

公布药品安全信息，应当及时、准确、全面，并进行必要的说明，避免误导。

任何单位和个人不得编造、散布虚假药品安全信息。

第一百零八条 县级以上人民政府应当制定药品安全事件应急预案。药品上市许可持有人、药品生产企业、药品经营企业和医疗机构等应当制定本单位的药品安全事件处置方案，并组织开展培训和应急演练。

发生药品安全事件，县级以上人民政府应当按照应急预案立即组织开展应对工作；有关单位应当立即采取有效措施进行处置，防止危害扩大。

第一百零九条 药品监督管理部门未及时发现药品安全系统性风险，未及时消除监督管理区域内药品安全隐患的，本级人民政府或者上级人民政府药品监督管理部门应当对其主要负责人进行约谈。

地方人民政府未履行药品安全职责，未及时消除区域性重大药品安全隐患的，上级人民政府或者上级人民政府药品监督管理部门应当对其主要负责人进行约谈。

被约谈的部门和地方人民政府应当立即采取措施，对药品监督管理工作进行整改。

约谈情况和整改情况应当纳入有关部门和地方人民政府药品监督管理工作评议、考核记录。

第一百一十条 地方人民政府及其药品监督管理部门不得以要求实施药品检验、审批等手段限制或者排斥非本地区药品上市许可持有人、药品生产企业生产的药品进入本地区。

第一百一十一条 药品监督管理部门及其设置或者指定的药品专业技术机构不得参与药品生产经营活动，不得以其名义推荐或者监制、监销药品。

药品监督管理部门及其设置或者指定的药品专业技术机构的工作人员不得参与药品生产经营活动。

第一百一十二条 国务院对麻醉药品、精神药品、医疗用毒性药品、放射性药品、药品类易制毒化学品等有其他特殊管理规定的，依照其规定。

第一百一十三条 药品监督管理部门发现药品违法行为涉嫌犯罪的，应当及时将案件移送公安机关。

对依法不需要追究刑事责任或者免予刑事处罚，但应当追究行政责任的，公安机关、人民检察院、人民法院应当及时将案件移送药品监督管理部门。

公安机关、人民检察院、人民法院商请药品监督管理部门、生态环境主管部门等部门提供检验结论、认定意见以及对涉案药品进行无害化处理等协助的，有关部门应当及时提供，予以协助。

第十一章　法律责任

第一百一十四条 违反本法规定，构成犯罪的，依法追究刑事责任。

第一百一十五条 未取得药品生产许可证、药品经营许可证或者医疗机构制剂许可证生产、销售药品的，责令关闭，没收违法生产、销售的药品和违法所得，并处违法生产、销售的药品（包括已售出和未售出的药品，下同）货值金额十五倍以上三十倍以下的罚款；货值金额不足十万元的，按十万元计算。

第一百一十六条 生产、销售假药的，没收违法生产、销售的药品和违法所得，责令停产停业整顿，吊销药品批准证明文件，并处违法生产、销售的药品货值金额十五倍以上三十倍以下的罚款；货值金额不足十万元的，按十万元计算；情节严重的，吊销药品生产许可证、药品经营许可证或者医疗机构制剂许可证，十年内不受理其相应申请；药品上市许可持有人为境外企业的，十年内禁止其药品进口。

第一百一十七条 生产、销售劣药的，没收违法生产、销售的药品和违法所得，并处违法生产、销售的药品货值金额十倍以上二十倍以下的罚款；违法生产、批发的药品货值金额不足十万元的，按十万元计算，违法零售的药品货值金额不足一万元的，按一万元计算；情节严重的，责令停产停业整顿直至吊销药品批准证明文件、药品生产许可证、药品经营许可证或者医疗机构制剂许可证。

生产、销售的中药饮片不符合药品标准，尚不影响安全性、有效性的，责令限期改正，给予警告；可以处十万元以上五十万元以下的罚款。

第一百一十八条 生产、销售假药，或者生产、销售劣药且情节严重的，对法定代表人、主要负责人、直接负责的主管人员和其他责任人员，没收违法行为发生期间自本单位所获收入，并处所获收入百分之三十以上三倍以下的罚款，终身禁止从事药品生产经营活动，并可以由公安机关处五日以上十五日以下的拘留。

对生产者专门用于生产假药、劣药的原料、辅料、包装材料、生产设备予以没收。

第一百一十九条 药品使用单位使用假药、劣药的，按照销售假药、零售劣药的规定处罚；情节严重的，法定代表人、主要负责人、直接负责的主管人员和其他责任人员有医疗卫生人员执业证书的，还应当吊销执业证书。

第一百二十条 知道或者应当知道属于假药、劣药或者本法第一百二十四条第一款第一项至第五项规定的药品，而为其提供储存、运输等便利条件的，没收全部储存、运输收入，并处违法收入一倍以上五倍以下的罚款；情节严重的，并处违法收入五倍以上十五倍以下的罚款；违法收入不足五万元的，按五万元计算。

第一百二十一条 对假药、劣药的处罚决定，应当依法载明药品检验机构的质量检验结论。

第一百二十二条 伪造、变造、出租、出借、非法买卖许可证或者药品批准证明文件的，没收违法所得，并处违法所得一倍以上五倍以下的罚款；情节严重的，并处违法所得五倍以上十五倍以下的罚款，吊销药品生产许可证、药品经营许可证、医疗机构制剂许可证或者药品批准证明文件，对法定代表人、主要负责人、直接负责的主管人员和其他责任人员，处二万元以上二十万元以下的罚款，十年内禁止从事药品生产经营活动，并可以由公安机关处五日以上十五日以下的拘留；违法所得不足十万元的，按十万元计算。

第一百二十三条 提供虚假的证明、数据、资料、样品或者采取其他手段骗取临床试验许可、药品生产许可、药品经营许可、医疗机构制剂许可或者药品注册等许可的，撤销相关许可，十年内不受理其相应申请，并处五十万元以上五百万元以下的罚款；情节严重的，对法定代表人、主要负责人、直接负责的主管人员和其他责任人员，处二万元以上二十万元以下的罚款，十年内禁止从事药品生产经营活动，并可以由公安机关处五日以上十五日以下的拘留。

第一百二十四条 违反本法规定，有下列行为之一的，没收违法生产、进口、销售的药品和违法所得以及专门用于违法生产的原料、辅料、包装材料和生产设备，责令停产停业整顿，并处违法生产、进口、销售的药品货值金额十五倍以上三十倍以下的罚款；货值金额不足十万元的，按十万元计算；情节严重的，吊销药品批准证明文件直至吊销药品生产许可证、药品经营许可证或者医疗机构制剂许可证，对法定代表人、主要负责人、直接负责的主管人员和其他责任人员，没收违法行为发生期间自本单位所获收入，并处所获收入百分之三十以上三倍以下的罚款，十年直至终身禁止从事药品生产经营活动，并可以由公安机关处五日以上十五日以下的拘留：

（一）未取得药品批准证明文件生产、进口药品；

（二）使用采取欺骗手段取得的药品批准证明文件生产、进口药品；

（三）使用未经审评审批的原料药生产药品；

（四）应当检验而未经检验即销售药品；

（五）生产、销售国务院药品监督管理部门禁止使用的药品；

（六）编造生产、检验记录；

（七）未经批准在药品生产过程中进行重大变更。

销售前款第一项至第三项规定的药品，或者药品使用单位使用前款第一项至第五项规定的药品的，依照前款规定处罚；情节严重的，药品使用单位的法定代表人、主要负责人、直接负责的主管人员和其他责任人员有医疗卫生人员执业证书的，还应当吊销执业证书。

未经批准进口少量境外已合法上市的药品，情节较轻的，可以依法减轻或者免予处罚。

第一百二十五条 违反本法规定，有下列行为之一的，没收违法生产、销售的药品和违法所得以及包装材料、容器，责令停产停业整顿，并处五十万元以上五百万元以下的罚款；情节严重的，吊销药品批准证明文件、药品生产许可证、药品经营许可证，对法定代表人、主要负责人、直接负责的主管人员和其他责任人员处二万元以上二十万元以下的罚款，十年直至终身禁止从事药品生产经营活动：

（一）未经批准开展药物临床试验；

（二）使用未经审评的直接接触药品的包装材料或者容器生产药品，或者销售该类药品；

（三）使用未经核准的标签、说明书。

第一百二十六条 除本法另有规定的情形外，药品上市许可持有人、药品生产企业、药品经营企业、药物非临床安全性评价研究机构、药物临床试验机构等未遵守药品生产质量管理规范、药品经营质量管理规范、药物非临床研究质量管理规范、药物临床试验质量管理规范等的，责令限期改正，给予警告；逾期不改正的，处十万元以上五十万元以下的罚款；情节严重的，处五十万元以上二百万元以下的罚款，责令停产停业整顿直至吊销药品批准证明文件、药品生产许可证、药品经营许可证等，药物非临床安全性评价研究机构、药物临床试验机构等五年内不得开展药物非临床安全性评价研究、药物临床试验，对法定代表人、主要负责人、直接负责的主管人员和其他责任人员，没收违法行为发生期间自本单位所获收入，并处所获收入百分之十以上百分之五十以下的罚款，十年直至终身禁止从事药品生产经营等活动。

第一百二十七条 违反本法规定，有下列行为之一的，责令限期改正，给予警告；逾期不改正的，处十万元以上五十万元以下的罚款：

（一）开展生物等效性试验未备案；

（二）药物临床试验期间，发现存在安全性问题或者其他风险，临床试验申办者未及时调整临床试验方案、暂停或者终止临床试验，或者未向国务院药品监督管理部门报告；

（三）未按照规定建立并实施药品追溯制度；

（四）未按照规定提交年度报告；

（五）未按照规定对药品生产过程中的变更进行备案或者报告；

（六）未制定药品上市后风险管理计划；

（七）未按照规定开展药品上市后研究或者上市后评价。

第一百二十八条 除依法应当按照假药、劣药处罚的外，药品包装未按照规定印有、贴有标签或者附有说明书，标签、说明书未按照规定注明相关信息或者印有规定标志的，责令改正，给予警告；情节严重的，吊销药品注册证书。

第一百二十九条 违反本法规定，药品上市许可持有人、药品生产企业、药品经营企业或者医疗机构未从药品上市许可持有人或者具有药品生产、经营资格的企业购进药品的，责令改正，没收违法购进的药品和违法所得，并处违法购进药品货值金额二倍以上十倍以下的罚款；情节严重的，并处货值金额十倍以上三十倍以下的罚款，吊销药品批准证明文件、药品生产许可证、药品经营许可证或者医疗机构执业许可证；货值金额不足五万元的，按五万元计算。

第一百三十条 违反本法规定，药品经营企业购销药品未按照规定进行记录，零售药品未正确说明用法、用量等事项，或者未按照规定调配处方的，责令改正，给予警告；情节严重的，吊销药品经营许可证。

第一百三十一条 违反本法规定，药品网络交易第三方平台提供者未履行资质审核、报告、停止提供网络交易平台服务等义务的，责令改正，没收违法所得，并处二十万元以上二百万元以下的罚款；情节严重的，责令停业整顿，并处二百万元以上五百万元以下的罚款。

第一百三十二条 进口已获得药品注册证书的药品，未按照规定向允许药品进口的口岸所在地药品监督管理部门备案的，责令限期改正，给予警告；逾期不改正的，吊销药品注册证书。

第一百三十三条 违反本法规定，医疗机构将其配制的制剂在市场上销售的，责令改正，没收违法销售的制剂和违法所得，并处违法销售制剂货值金额二倍以上五倍以下的罚款；情节严重的，并处货值金额五倍以上十五倍以下的罚款；货值金额不足五万元的，按五万元计算。

第一百三十四条 药品上市许可持有人未按照规定开展药品不良反应监测或者报告疑似药品不良反应的，责令限期改正，给予警告；逾期不改正的，责令停产停业整顿，并处十万元以上一百万元以下的罚款。

药品经营企业未按照规定报告疑似药品不良反应的，责令限期改正，给予警告；逾期不改正的，责令停产停业整顿，并处五万元以上五十万元以下的罚款。

医疗机构未按照规定报告疑似药品不良反应的，责令限期改正，给予警告；逾期不改正的，处五万元以上五十万元以下的罚款。

第一百三十五条 药品上市许可持有人在省、自治区、直辖市人民政府药品监督管理部门责令其召回后，拒不召回的，处应召回药品货值金额五倍以上十倍以下的罚款；货值金额不足十万元的，按十万元计算；情节严重的，吊销药品批准证明文件、药品生产许可证、药品经营许可证，对法定代表人、主要负责人、直接负责的主管人员和其他责任人员，处二万元以上二十万元以下的罚款。药品生产企业、药品经营企业、医疗机构拒不配合召回的，处十万元以上五十万元以下的罚款。

第一百三十六条　药品上市许可持有人为境外企业的，其指定的在中国境内的企业法人未依照本法规定履行相关义务的，适用本法有关药品上市许可持有人法律责任的规定。

第一百三十七条　有下列行为之一的，在本法规定的处罚幅度内从重处罚：

（一）以麻醉药品、精神药品、医疗用毒性药品、放射性药品、药品类易制毒化学品冒充其他药品，或者以其他药品冒充上述药品；

（二）生产、销售以孕产妇、儿童为主要使用对象的假药、劣药；

（三）生产、销售的生物制品属于假药、劣药；

（四）生产、销售假药、劣药，造成人身伤害后果；

（五）生产、销售假药、劣药，经处理后再犯；

（六）拒绝、逃避监督检查，伪造、销毁、隐匿有关证据材料，或者擅自动用查封、扣押物品。

第一百三十八条　药品检验机构出具虚假检验报告的，责令改正，给予警告，对单位并处二十万元以上一百万元以下的罚款；对直接负责的主管人员和其他直接责任人员依法给予降级、撤职、开除处分，没收违法所得，并处五万元以下的罚款；情节严重的，撤销其检验资格。药品检验机构出具的检验结果不实，造成损失的，应当承担相应的赔偿责任。

第一百三十九条　本法第一百一十五条至第一百三十八条规定的行政处罚，由县级以上人民政府药品监督管理部门按照职责分工决定；撤销许可、吊销许可证件的，由原批准、发证的部门决定。

第一百四十条　药品上市许可持有人、药品生产企业、药品经营企业或者医疗机构违反本法规定聘用人员的，由药品监督管理部门或者卫生健康主管部门责令解聘，处五万元以上二十万元以下的罚款。

第一百四十一条　药品上市许可持有人、药品生产企业、药品经营企业或者医疗机构在药品购销中给予、收受回扣或者其他不正当利益的，药品上市许可持有人、药品生产企业、药品经营企业或者代理人给予使用其药品的医疗机构的负责人、药品采购人员、医师、药师等有关人员财物或者其他不正当利益的，由市场监督管理部门没收违法所得，并处三十万元以上三百万元以下的罚款；情节严重的，吊销药品上市许可持有人、药品生产企业、药品经营企业营业执照，并由药品监督管理部门吊销药品批准证明文件、药品生产许可证、药品经营许可证。

药品上市许可持有人、药品生产企业、药品经营企业在药品研制、生产、经营中向国家工作人员行贿的，对法定代表人、主要负责人、直接负责的主管人员和其他责任人员终身禁止从事药品生产经营活动。

第一百四十二条 药品上市许可持有人、药品生产企业、药品经营企业的负责人、采购人员等有关人员在药品购销中收受其他药品上市许可持有人、药品生产企业、药品经营企业或者代理人给予的财物或者其他不正当利益的，没收违法所得，依法给予处罚；情节严重的，五年内禁止从事药品生产经营活动。

医疗机构的负责人、药品采购人员、医师、药师等有关人员收受药品上市许可持有人、药品生产企业、药品经营企业或者代理人给予的财物或者其他不正当利益的，由卫生健康主管部门或者本单位给予处分，没收违法所得；情节严重的，还应当吊销其执业证书。

第一百四十三条 违反本法规定，编造、散布虚假药品安全信息，构成违反治安管理行为的，由公安机关依法给予治安管理处罚。

第一百四十四条 药品上市许可持有人、药品生产企业、药品经营企业或者医疗机构违反本法规定，给用药者造成损害的，依法承担赔偿责任。

因药品质量问题受到损害的，受害人可以向药品上市许可持有人、药品生产企业请求赔偿损失，也可以向药品经营企业、医疗机构请求赔偿损失。接到受害人赔偿请求的，应当实行首负责任制，先行赔付；先行赔付后，可以依法追偿。

生产假药、劣药或者明知是假药、劣药仍然销售、使用的，受害人或者其近亲属除请求赔偿损失外，还可以请求支付价款十倍或者损失三倍的赔偿金；增加赔偿的金额不足一千元的，为一千元。

第一百四十五条 药品监督管理部门或者其设置、指定的药品专业技术机构参与药品生产经营活动的，由其上级主管机关责令改正，没收违法收入；情节严重的，对直接负责的主管人员和其他直接责任人员依法给予处分。

药品监督管理部门或者其设置、指定的药品专业技术机构的工作人员参与药品生产经营活动的，依法给予处分。

第一百四十六条 药品监督管理部门或者其设置、指定的药品检验机构在药品监督检验中违法收取检验费用的，由政府有关部门责令退还，对直接负责的主管人员和其他直接责任人员依法给予处分；情节严重的，撤销其检验资格。

第一百四十七条 违反本法规定，药品监督管理部门有下列行为之一的，应当撤销相关许可，对直接负责的主管人员和其他直接责任人员依法给予处分：

（一）不符合条件而批准进行药物临床试验；

（二）对不符合条件的药品颁发药品注册证书；

（三）对不符合条件的单位颁发药品生产许可证、药品经营许可证或者医疗机构制剂许可证。

第一百四十八条 违反本法规定，县级以上地方人民政府有下列行为之一的，对直接负责的主管人员和其他直接责任人员给予记过或者记大过处分；情节严重的，给予降级、撤职或者开除处分：

（一）瞒报、谎报、缓报、漏报药品安全事件；

（二）未及时消除区域性重大药品安全隐患，造成本行政区域内发生特别重大药品安全事件，或者连续发生重大药品安全事件；

（三）履行职责不力，造成严重不良影响或者重大损失。

第一百四十九条 违反本法规定，药品监督管理等部门有下列行为之一的，对直接负责的主管人员和其他直接责任人员给予记过或者记大过处分；情节较重的，给予降级或者撤职处分；情节严重的，给予开除处分：

（一）瞒报、谎报、缓报、漏报药品安全事件；

（二）对发现的药品安全违法行为未及时查处；

（三）未及时发现药品安全系统性风险，或者未及时消除监督管理区域内药品安全隐患，造成严重影响；

（四）其他不履行药品监督管理职责，造成严重不良影响或者重大损失。

第一百五十条 药品监督管理人员滥用职权、徇私舞弊、玩忽职守的，依法给予处分。

查处假药、劣药违法行为有失职、渎职行为的，对药品监督管理部门直接负责的主管人员和其他直接责任人员依法从重给予处分。

第一百五十一条 本章规定的货值金额以违法生产、销售药品的标价计算；没有标价的，按照同类药品的市场价格计算。

第十二章 附 则

第一百五十二条 中药材种植、采集和饲养的管理，依照有关法律、法规的规定执行。

第一百五十三条 地区性民间习用药材的管理办法，由国务院药品监督管理部门会同国务院中医药主管部门制定。

第一百五十四条 中国人民解放军和中国人民武装警察部队执行本法的具体办法，由国务院、中央军事委员会依据本法制定。

第一百五十五条 本法自2019年12月1日起施行。

关于《中华人民共和国药品管理法（修正草案）》的说明

——2018年10月22日在第十三届全国人民代表大会常务委员会第六次会议上

国家药品监督管理局局长 焦 红

委员长、各位副委员长、秘书长、各位委员：

我受国务院委托，现对《中华人民共和国药品管理法（修正草案）》作说明。

吉林长春长生公司问题疫苗案件发生后，习近平总书记作出重要指示，要求立即调查事实真相，一查到底，严肃问责，依法从严处理，强调要始终把人民群众的身体健康放在首位，以猛药去疴、刮骨疗毒的决心，完善我国疫苗管理体制，坚决守住安全底线，全力保障群众切身利益和社会安全稳定大局。李克强总理作出重要批示，要求对一切危害人民生命安全的违法犯罪行为坚决重拳打击，对不法分子坚决依法严惩，对监管失职渎职行为坚决严厉问责，尽早还人民群众一个安全、放心、可信任的生活环境。党中央、国务院要求汲取教训，举一反三，抓紧完善相关法律法规，加快完善疫苗药品监管长效机制。

2018 年 9 月，市场监管总局向国务院报送了《中华人民共和国药品管理法修正案（草案送审稿)》。送审稿落实 2017 年 10 月中共中央办公厅、国务院办公厅《关于深化审评审批制度改革鼓励药品医疗器械创新的意见》（以下简称《创新意见》）提出的“及时总结药品上市许可持有人制度试点经验，推动修订药品管理法，力争早日在全国推开”的要求，对药品上市许可持有人制度作了规定，同时围绕问题疫苗案件暴露的突出问题，对药品监管制度作了完善。收到此件后，司法部立即征求有关部门、地方政府和部分药品生产企业意见，会同市场监管总局、药监局等部门对送审稿反复研究协调修改，形成了《中华人民共和国药品管理法（修正草案)》（以下简称草案）。草案已经国务院同意。现说明如下：

一、草案的总体思路

草案在总体思路上，主要把握了以下几点：一是贯彻习近平总书记“四个最严”的要求，坚持重典治乱，去疴除弊，强化全过程监管，坚决守住公共安全底线。二是围绕问题疫苗案件暴露的突出问题、实施药品上市许可持有人制度和推进审批制度改革等进行修改，及时回应社会关切；对其他不太急需的内容待下一步全面修订时再作修改。三是落实《创新意见》，改革完善药品审评审批制度，鼓励药品创新，加强事中事后监管。

二、草案的主要内容

（一）实施药品上市许可持有人制度。一是总结试点经验，全面实施药品上市许可持有人制度，明确上市许可持有人对药品的安全、有效负责，对药品的研制、生产、经营、使用全过程依法承担责任（第一条）。二是要求在审批药品时，同时审查药品的安全性、有效性以及申请人的质量管理、风险防控和责任赔偿能力（第十四条）。三是规定药品上市许可持有人可以自行生产经营药品，也可以委托符合条件的企业生产经营药品（第十五条）。四是要求药品上市许可持有人对已上市药品的安全性、有效性开展再评价；制定风险管控计划，定期报告药品生产销售、上市后研究、风险管理等情况（第十六条、第二十条）。

（二）改革药品审批制度。为避免短时间内频繁修法，草案将已经国务院同意的药品审批改革措施所涉及的条款一并进行了修改。一是不再保留单独的药品生产质量管理规范和经营质量管理规范认证，有关要求分别纳入药品生产和药品经营许可条件（第四条、第十一条）。二是将药物临床试验机构由许可管理改为备案管理，并优化临床试验审批程序（第十三条）。同时，草案还对药品全过程监管制度进行了完善，明确了加强事中事后监管的措施。

（三）完善药品全过程监管制度。一是强化企业主体责任，要求药品上市许可持有人、生产经营企业的法定代表人或者主要负责人对药品的质量和生产经营活动全面负责（第五条、第十二条、第十四条）。二是强化药品生产经营过程管理，要求生产经营过程必须持续符合法定要求，并补充药品原辅料供应商审核、出厂检验、上市审核等制度，严把原辅料采购、出厂、上市等关口（第五条、第七条、第八条、第十二条）。三是明确药品质量安全追溯要求。药品上市许可持有人、生产经营企业、医疗机构应当建立、实施严格的追溯制度，保证全过程数据真实、准确、完整和可追溯（第一条、第十七条）。四是补充规定药品召回制度。药品存在质量问题或者其他安全隐患的，应当立即停止生产、经营、使用并召回（第三十五条）。五是强化对疫苗等特殊药品的监管。除药品监管部门规定的情形外，疫苗等特殊药品不得委托生产；实行疫苗责任强制保险制度；要求采用信息化手段采集、留存疫苗追溯信息（第十五条、第十七条、第十八条）。

（四）明晰药品监管职责，完善监管措施。一是明确县级以上地方政府统一领导、组织本行政区域的药品监管工作（第三条）。二是要求药品监管部门对药品上市许可持有人、生产经营企业实施药品生产经营质量管理规范的情况进行检查，监督其持续符合要求；必要时可以对为药品研制、生产、经营、使用提供产品或者服务的单位和个人进行延伸检查；对疫苗等生物制品实施重点监督检查（第二十八条、第二十九条）。三是建立药品职业化检查员队伍，明确检查员应当具备药品法律法规和专业知识（第三十条）。四是建立并公布药品安全信用档案，对有不良信用记录的单位增加监督检查频次，对违法行为情节严重的单位实施联合惩戒（第三十一条）。五是增设责任约谈制度。药品监管部门未及时发现药品安全系统性风险或者未及时消除隐患的，地方政府未履行药品安全职责或者未及时消除重大隐患的，可以对其主要负责人进行责任约谈（第三十四条）。

（五）加大对违法行为的处罚力度，解决违法成本低、处罚力度弱的问题。一是全面加大对违法行为的行政处罚力度。提高对违法行为罚款的下限或者上限，例如，规定对未经许可生产经营药品的，罚款的幅度从货值金额的二倍至五倍提高到五倍至三十倍；对生产销售假药等违法行为增设停产停业等处罚；明确对生产销售属于假药、劣药的疫苗等六类违法行为，在法定幅度内从重处罚（第三十六条至第三十八条、第四十条至第四十二条、第四十七条至第四十九条、第五十一条）。二是落实“处罚到人”要求，对严重违法行为的责任人进行处罚。有生产销售假劣药、违反质量管理规范等行为的，对单位的法定代表人或者主要负责人、直接负责的主管人员和其他直接责任人员处以没收收入、罚款、十年直至终身禁业的处罚（第三十九条、第四十一条、第五十三条）。三是结合本次修法相应补充了药品上市许可持有人的法律责任以及违反报告、召回等新设义务的法律责任（第四十一条至第四十四条、第五十三条）。四是细化并加重对地方政府负责人和监管人员的处分，对隐瞒、谎报、缓报药品安全事故等行为规定了严格的处分（第五十六条、第五十七条）。

草案和以上说明是否妥当，请予审议。

中华人民共和国土地管理法

（1986年6月25日第六届全国人民代表大会常务委员会第十六次会议通过　根据1988年12月29日第七届全国人民代表大会常务委员会第五次会议《关于修改〈中华人民共和国土地管理法〉的决定》第一次修正　1998年8月29日第九届全国人民代表大会常务委员会第四次会议修订　根据2004年8月28日第十届全国人民代表大会常务委员会第十一次会议《关于修改〈中华人民共和国土地管理法〉的决定》第二次修正　根据2019年8月26日第十三届全国人民代表大会常务委员会第十二次会议《关于修改〈中华人民共和国土地管理法〉、〈中华人民共和国城市房地产管理法〉的决定》第三次修正）

目　　录

第一章　总　　则

第一条　为了加强土地管理，维护土地的社会主义公有制，保护、开发土地资源，合理利用土地，切实保护耕地，促进社会经济的可持续发展，根据宪法，制定本法。

第二条 中华人民共和国实行土地的社会主义公有制，即全民所有制和劳动群众集体所有制。

全民所有，即国家所有土地的所有权由国务院代表国家行使。

任何单位和个人不得侵占、买卖或者以其他形式非法转让土地。土地使用权可以依法转让。

国家为了公共利益的需要，可以依法对土地实行征收或者征用并给予补偿。

国家依法实行国有土地有偿使用制度。但是，国家在法律规定的范围内划拨国有土地使用权的除外。

第三条 十分珍惜、合理利用土地和切实保护耕地是我国的基本国策。各级人民政府应当采取措施，全面规划，严格管理，保护、开发土地资源，制止非法占用土地的行为。

第四条 国家实行土地用途管制制度。

国家编制土地利用总体规划，规定土地用途，将土地分为农用地、建设用地和未利用地。严格限制农用地转为建设用地，控制建设用地总量，对耕地实行特殊保护。

前款所称农用地是指直接用于农业生产的土地，包括耕地、林地、草地、农田水利用地、养殖水面等；建设用地是指建造建筑物、构筑物的土地，包括城乡住宅和公共设施用地、工矿用地、交通水利设施用地、旅游用地、军事设施用地等；未利用地是指农用地和建设用地以外的土地。

使用土地的单位和个人必须严格按照土地利用总体规划确定的用途使用土地。

第五条 国务院自然资源主管部门统一负责全国土地的管理和监督工作。

县级以上地方人民政府自然资源主管部门的设置及其职责，由省、自治区、直辖市人民政府根据国务院有关规定确定。

第六条 国务院授权的机构对省、自治区、直辖市人民政府以及国务院确定的城市人民政府土地利用和土地管理情况进行督察。

第七条 任何单位和个人都有遵守土地管理法律、法规的义务，并有权对违反土地管理法律、法规的行为提出检举和控告。

第八条 在保护和开发土地资源、合理利用土地以及进行有关的科学研究等方面成绩显著的单位和个人，由人民政府给予奖励。

第二章 土地的所有权和使用权

第九条 城市市区的土地属于国家所有。

农村和城市郊区的土地，除由法律规定属于国家所有的以外，属于农民集体所有；宅基地和自留地、自留山，属于农民集体所有。

第十条 国有土地和农民集体所有的土地，可以依法确定给单位或者个人使用。使用土地的单位和个人，有保护、管理和合理利用土地的义务。

第十一条 农民集体所有的土地依法属于村农民集体所有的，由村集体经济组织或者村民委员会经营、管理；已经分别属于村内两个以上农村集体经济组织的农民集体所有的，由村内各该农村集体经济组织或者村民小组经营、管理；已经属于乡（镇）农民集体所有的，由乡（镇）农村集体经济组织经营、管理。

第十二条 土地的所有权和使用权的登记，依照有关不动产登记的法律、行政法规执行。

依法登记的土地的所有权和使用权受法律保护，任何单位和个人不得侵犯。

第十三条 农民集体所有和国家所有依法由农民集体使用的耕地、林地、草地，以及其他依法用于农业的土地，采取农村集体经济组织内部的家庭承包方式承包，不宜采取家庭承包方式的荒山、荒沟、荒丘、荒滩等，可以采取招标、拍卖、公开协商等方式承包，从事种植业、林业、畜牧业、渔业生产。家庭承包的耕地的承包期为三十年，草地的承包期为三十年至五十年，林地的承包期为三十年至七十年；耕地承包期届满后再延长三十年，草地、林地承包期届满后依法相应延长。

国家所有依法用于农业的土地可以由单位或者个人承包经营，从事种植业、林业、畜牧业、渔业生产。

发包方和承包方应当依法订立承包合同，约定双方的权利和义务。承包经营土地的单位和个人，有保护和按照承包合同约定的用途合理利用土地的义务。

第十四条 土地所有权和使用权争议，由当事人协商解决；协商不成的，由人民政府处理。

单位之间的争议，由县级以上人民政府处理；个人之间、个人与单位之间的争议，由乡级人民政府或者县级以上人民政府处理。

当事人对有关人民政府的处理决定不服的，可以自接到处理决定通知之日起三十日内，向人民法院起诉。

在土地所有权和使用权争议解决前，任何一方不得改变土地利用现状。

第三章　土地利用总体规划

第十五条　各级人民政府应当依据国民经济和社会发展规划、国土整治和资源环境保护的要求、土地供给能力以及各项建设对土地的需求，组织编制土地利用总体规划。

土地利用总体规划的规划期限由国务院规定。

第十六条　下级土地利用总体规划应当依据上一级土地利用总体规划编制。

地方各级人民政府编制的土地利用总体规划中的建设用地总量不得超过上一级土地利用总体规划确定的控制指标，耕地保有量不得低于上一级土地利用总体规划确定的控制指标。

省、自治区、直辖市人民政府编制的土地利用总体规划，应当确保本行政区域内耕地总量不减少。

第十七条　土地利用总体规划按照下列原则编制：

（一）落实国土空间开发保护要求，严格土地用途管制；

（二）严格保护永久基本农田，严格控制非农业建设占用农用地；

（三）提高土地节约集约利用水平；

（四）统筹安排城乡生产、生活、生态用地，满足乡村产业和基础设施用地合理需求，促进城乡融合发展；

（五）保护和改善生态环境，保障土地的可持续利用；

（六）占用耕地与开发复垦耕地数量平衡、质量相当。

第十八条　国家建立国土空间规划体系。编制国土空间规划应当坚持生态优先，绿色、可持续发展，科学有序统筹安排生态、农业、城镇等功能空间，优化国土空间结构和布局，提升国土空间开发、保护的质量和效率。

经依法批准的国土空间规划是各类开发、保护、建设活动的基本依据。已经编制国土空间规划的，不再编制土地利用总体规划和城乡规划。

第十九条 县级土地利用总体规划应当划分土地利用区，明确土地用途。

乡（镇）土地利用总体规划应当划分土地利用区，根据土地使用条件，确定每一块土地的用途，并予以公告。

第二十条 土地利用总体规划实行分级审批。

省、自治区、直辖市的土地利用总体规划，报国务院批准。

省、自治区人民政府所在地的市、人口在一百万以上的城市以及国务院指定的城市的土地利用总体规划，经省、自治区人民政府审查同意后，报国务院批准。

本条第二款、第三款规定以外的土地利用总体规划，逐级上报省、自治区、直辖市人民政府批准；其中，乡（镇）土地利用总体规划可以由省级人民政府授权的设区的市、自治州人民政府批准。

土地利用总体规划一经批准，必须严格执行。

第二十一条 城市建设用地规模应当符合国家规定的标准，充分利用现有建设用地，不占或者尽量少占农用地。

城市总体规划、村庄和集镇规划，应当与土地利用总体规划相衔接，城市总体规划、村庄和集镇规划中建设用地规模不得超过土地利用总体规划确定的城市和村庄、集镇建设用地规模。

在城市规划区内、村庄和集镇规划区内，城市和村庄、集镇建设用地应当符合城市规划、村庄和集镇规划。

第二十二条 江河、湖泊综合治理和开发利用规划，应当与土地利用总体规划相衔接。在江河、湖泊、水库的管理和保护范围以及蓄洪滞洪区内，土地利用应当符合江河、湖泊综合治理和开发利用规划，符合河道、湖泊行洪、蓄洪和输水的要求。

第二十三条 各级人民政府应当加强土地利用计划管理，实行建设用地总量控制。

土地利用年度计划，根据国民经济和社会发展计划、国家产业政策、土地利用总体规划以及建设用地和土地利用的实际状况编制。土地利用年度计划应当对本法第六十三条规定的集体经营性建设用地作出合理安排。土地利用年度计划的编制审批程序与土地利用总体规划的编制审批程序相同，一经审批下达，必须严格执行。

第二十四条 省、自治区、直辖市人民政府应当将土地利用年度计划的执行情况列为国民经济和社会发展计划执行情况的内容，向同级人民代表大会报告。

第二十五条 经批准的土地利用总体规划的修改，须经原批准机关批准；未经批准，不得改变土地利用总体规划确定的土地用途。

经国务院批准的大型能源、交通、水利等基础设施建设用地，需要改变土地利用总体规划的，根据国务院的批准文件修改土地利用总体规划。

经省、自治区、直辖市人民政府批准的能源、交通、水利等基础设施建设用地，需要改变土地利用总体规划的，属于省级人民政府土地利用总体规划批准权限内的，根据省级人民政府的批准文件修改土地利用总体规划。

第二十六条 国家建立土地调查制度。

县级以上人民政府自然资源主管部门会同同级有关部门进行土地调查。土地所有者或者使用者应当配合调查，并提供有关资料。

第二十七条 县级以上人民政府自然资源主管部门会同同级有关部门根据土地调查成果、规划土地用途和国家制定的统一标准，评定土地等级。

第二十八条 国家建立土地统计制度。

县级以上人民政府统计机构和自然资源主管部门依法进行土地统计调查，定期发布土地统计资料。土地所有者或者使用者应当提供有关资料，不得拒报、迟报，不得提供不真实、不完整的资料。

统计机构和自然资源主管部门共同发布的土地面积统计资料是各级人民政府编制土地利用总体规划的依据。

第二十九条 国家建立全国土地管理信息系统，对土地利用状况进行动态监测。

第四章 耕地保护

第三十条 国家保护耕地，严格控制耕地转为非耕地。

国家实行占用耕地补偿制度。非农业建设经批准占用耕地的，按照“占多少，垦多少”的原则，由占用耕地的单位负责开垦与所占用耕地的数量和质量相当的耕地；没有条件开垦或者开垦的耕地不符合要求的，应当按照省、自治区、直辖市的规定缴纳耕地开垦费，专款用于开垦新的耕地。

省、自治区、直辖市人民政府应当制定开垦耕地计划，监督占用耕地的单位按照计划开垦耕地或者按照计划组织开垦耕地，并进行验收。

第三十一条 县级以上地方人民政府可以要求占用耕地的单位将所占用耕地耕作层的土壤用于新开垦耕地、劣质地或者其他耕地的土壤改良。

第三十二条 省、自治区、直辖市人民政府应当严格执行土地利用总体规划和土地利用年度计划，采取措施，确保本行政区域内耕地总量不减少、质量不降低。耕地总量减少的，由国务院责令在规定期限内组织开垦与所减少耕地的数量与质量相当的耕地；耕地质量降低的，由国务院责令在规定期限内组织整治。新开垦和整治的耕地由国务院自然资源主管部门会同农业农村主管部门验收。

个别省、直辖市确因土地后备资源匮乏，新增建设用地后，新开垦耕地的数量不足以补偿所占用耕地的数量的，必须报经国务院批准减免本行政区域内开垦耕地的数量，易地开垦数量和质量相当的耕地。

第三十三条 国家实行永久基本农田保护制度。下列耕地应当根据土地利用总体规划划为永久基本农田，实行严格保护：

（一）经国务院农业农村主管部门或者县级以上地方人民政府批准确定的粮、棉、油、糖等重要农产品生产基地内的耕地；

（二）有良好的水利与水土保持设施的耕地，正在实施改造计划以及可以改造的中、低产田和已建成的高标准农田；

（三）蔬菜生产基地；

（四）农业科研、教学试验田；

（五）国务院规定应当划为永久基本农田的其他耕地。

各省、自治区、直辖市划定的永久基本农田一般应当占本行政区域内耕地的百分之八十以上，具体比例由国务院根据各省、自治区、直辖市耕地实际情况规定。

第三十四条 永久基本农田划定以乡（镇）为单位进行，由县级人民政府自然资源主管部门会同同级农业农村主管部门组织实施。永久基本农田应当落实到地块，纳入国家永久基本农田数据库严格管理。

乡（镇）人民政府应当将永久基本农田的位置、范围向社会公告，并设立保护标志。

第三十五条 永久基本农田经依法划定后，任何单位和个人不得擅自占用或者改变其用途。国家能源、交通、水利、军事设施等重点建设项目选址确实难以避让永久基本农田，涉及农用地转用或者土地征收的，必须经国务院批准。

禁止通过擅自调整县级土地利用总体规划、乡（镇）土地利用总体规划等方式规避永久基本农田农用地转用或者土地征收的审批。

第三十六条 各级人民政府应当采取措施，引导因地制宜轮作休耕，改良土壤，提高地力，维护排灌工程设施，防止土地荒漠化、盐渍化、水土流失和土壤污染。

第三十七条 非农业建设必须节约使用土地，可以利用荒地的，不得占用耕地；可以利用劣地的，不得占用好地。

禁止占用耕地建窑、建坟或者擅自在耕地上建房、挖砂、采石、采矿、取土等。

禁止占用永久基本农田发展林果业和挖塘养鱼。

第三十八条 禁止任何单位和个人闲置、荒芜耕地。已经办理审批手续的非农业建设占用耕地，一年内不用而又可以耕种并收获的，应当由原耕种该幅耕地的集体或者个人恢复耕种，也可以由用地单位组织耕种；一年以上未动工建设的，应当按照省、自治区、直辖市的规定缴纳闲置费；连续二年未使用的，经原批准机关批准，由县级以上人民政府无偿收回用地单位的土地使用权；该幅土地原为农民集体所有的，应当交由原农村集体经济组织恢复耕种。

在城市规划区范围内，以出让方式取得土地使用权进行房地产开发的闲置土地，依照《中华人民共和国城市房地产管理法》的有关规定办理。

第三十九条 国家鼓励单位和个人按照土地利用总体规划，在保护和改善生态环境、防止水土流失和土地荒漠化的前提下，开发未利用的土地；适宜开发为农用地的，应当优先开发成农用地。

国家依法保护开发者的合法权益。

第四十条 开垦未利用的土地，必须经过科学论证和评估，在土地利用总体规划划定的可开垦的区域内，经依法批准后进行。禁止毁坏森林、草原开垦耕地，禁止围湖造田和侵占江河滩地。

根据土地利用总体规划，对破坏生态环境开垦、围垦的土地，有计划有步骤地退耕还林、还牧、还湖。

第四十一条 开发未确定使用权的国有荒山、荒地、荒滩从事种植业、林业、畜牧业、渔业生产的，经县级以上人民政府依法批准，可以确定给开发单位或者个人长期使用。

第四十二条 国家鼓励土地整理。县、乡（镇）人民政府应当组织农村集体经济组织，按照土地利用总体规划，对田、水、路、林、村综合整治，提高耕地质量，增加有效耕地面积，改善农业生产条件和生态环境。

地方各级人民政府应当采取措施，改造中、低产田，整治闲散地和废弃地。

第四十三条 因挖损、塌陷、压占等造成土地破坏，用地单位和个人应当按照国家有关规定负责复垦；没有条件复垦或者复垦不符合要求的，应当缴纳土地复垦费，专项用于土地复垦。复垦的土地应当优先用于农业。

第五章 建设用地

第四十四条 建设占用土地，涉及农用地转为建设用地的，应当办理农用地转用审批手续。

永久基本农田转为建设用地的，由国务院批准。

在土地利用总体规划确定的城市和村庄、集镇建设用地规模范围内，为实施该规划而将永久基本农田以外的农用地转为建设用地的，按土地利用年度计划分批次按照国务院规定由原批准土地利用总体规划的机关或者其授权的机关批准。在已批准的农用地转用范围内，具体建设项目用地可以由市、县人民政府批准。

在土地利用总体规划确定的城市和村庄、集镇建设用地规模范围外，将永久基本农田以外的农用地转为建设用地的，由国务院或者国务院授权的省、自治区、直辖市人民政府批准。

第四十五条 为了公共利益的需要，有下列情形之一，确需征收农民集体所有的土地的，可以依法实施征收：

（一）军事和外交需要用地的；

（二）由政府组织实施的能源、交通、水利、通信、邮政等基础设施建设需要用地的；

（三）由政府组织实施的科技、教育、文化、卫生、体育、生态环境和资源保护、防灾减灾、文物保护、社区综合服务、社会福利、市政公用、优抚安置、英烈保护等公共事业需要用地的；

（四）由政府组织实施的扶贫搬迁、保障性安居工程建设需要用地的；

（五）在土地利用总体规划确定的城镇建设用地范围内，经省级以上人民政府批准由县级以上地方人民政府组织实施的成片开发建设需要用地的；

（六）法律规定为公共利益需要可以征收农民集体所有的土地的其他情形。

前款规定的建设活动，应当符合国民经济和社会发展规划、土地利用总体规划、城乡规划和专项规划；第（四）项、第（五）项规定的建设活动，还应当纳入国民经济和社会发展年度计划；第（五）项规定的成片开发并应当符合国务院自然资源主管部门规定的标准。

第四十六条 征收下列土地的，由国务院批准：

（一）永久基本农田；

（二）永久基本农田以外的耕地超过三十五公顷的；

（三）其他土地超过七十公顷的。

征收前款规定以外的土地的，由省、自治区、直辖市人民政府批准。

征收农用地的，应当依照本法第四十四条的规定先行办理农用地转用审批。其中，经国务院批准农用地转用的，同时办理征地审批手续，不再另行办理征地审批；经省、自治区、直辖市人民政府在征地批准权限内批准农用地转用的，同时办理征地审批手续，不再另行办理征地审批，超过征地批准权限的，应当依照本条第一款的规定另行办理征地审批。

第四十七条 国家征收土地的，依照法定程序批准后，由县级以上地方人民政府予以公告并组织实施。

县级以上地方人民政府拟申请征收土地的，应当开展拟征收土地现状调查和社会稳定风险评估，并将征收范围、土地现状、征收目的、补偿标准、安置方式和社会保障等在拟征收土地所在的乡（镇）和村、村民小组范围内公告至少三十日，听取被征地的农村集体经济组织及其成员、村民委员会和其他利害关系人的意见。

多数被征地的农村集体经济组织成员认为征地补偿安置方案不符合法律、法规规定的，县级以上地方人民政府应当组织召开听证会，并根据法律、法规的规定和听证会情况修改方案。

拟征收土地的所有权人、使用权人应当在公告规定期限内，持不动产权属证明材料办理补偿登记。县级以上地方人民政府应当组织有关部门测算并落实有关费用，保证足额到位，与拟征收土地的所有权人、使用权人就补偿、安置等签订协议；个别确实难以达成协议的，应当在申请征收土地时如实说明。

相关前期工作完成后，县级以上地方人民政府方可申请征收土地。

第四十八条 征收土地应当给予公平、合理的补偿，保障被征地农民原有生活水平不降低、长远生计有保障。

征收土地应当依法及时足额支付土地补偿费、安置补助费以及农村村民住宅、其他地上附着物和青苗等的补偿费用，并安排被征地农民的社会保障费用。

征收农用地的土地补偿费、安置补助费标准由省、自治区、直辖市通过制定公布区片综合地价确定。制定区片综合地价应当综合考虑土地原用途、土地资源条件、土地产值、土地区位、土地供求关系、人口以及经济社会发展水平等因素，并至少每三年调整或者重新公布一次。

征收农用地以外的其他土地、地上附着物和青苗等的补偿标准，由省、自治区、直辖市制定。对其中的农村村民住宅，应当按照先补偿后搬迁、居住条件有改善的原则，尊重农村村民意愿，采取重新安排宅基地建房、提供安置房或者货币补偿等方式给予公平、合理的补偿，并对因征收造成的搬迁、临时安置等费用予以补偿，保障农村村民居住的权利和合法的住房财产权益。

县级以上地方人民政府应当将被征地农民纳入相应的养老等社会保障体系。被征地农民的社会保障费用主要用于符合条件的被征地农民的养老保险等社会保险缴费补贴。被征地农民社会保障费用的筹集、管理和使用办法，由省、自治区、直辖市制定。

第四十九条 被征地的农村集体经济组织应当将征收土地的补偿费用的收支状况向本集体经济组织的成员公布，接受监督。

禁止侵占、挪用被征收土地单位的征地补偿费用和其他有关费用。

第五十条 地方各级人民政府应当支持被征地的农村集体经济组织和农民从事开发经营，兴办企业。

第五十一条 大中型水利、水电工程建设征收土地的补偿费标准和移民安置办法，由国务院另行规定。

第五十二条 建设项目可行性研究论证时，自然资源主管部门可以根据土地利用总体规划、土地利用年度计划和建设用地标准，对建设用地有关事项进行审查，并提出意见。

第五十三条 经批准的建设项目需要使用国有建设用地的，建设单位应当持法律、行政法规规定的有关文件，向有批准权的县级以上人民政府自然资源主管部门提出建设用地申请，经自然资源主管部门审查，报本级人民政府批准。

第五十四条 建设单位使用国有土地，应当以出让等有偿使用方式取得；但是，下列建设用地，经县级以上人民政府依法批准，可以以划拨方式取得：

（一）国家机关用地和军事用地；

（二）城市基础设施用地和公益事业用地；

（三）国家重点扶持的能源、交通、水利等基础设施用地；

（四）法律、行政法规规定的其他用地。

第五十五条 以出让等有偿使用方式取得国有土地使用权的建设单位，按照国务院规定的标准和办法，缴纳土地使用权出让金等土地有偿使用费和其他费用后，方可使用土地。

自本法施行之日起，新增建设用地的土地有偿使用费，百分之三十上缴中央财政，百分之七十留给有关地方人民政府。具体使用管理办法由国务院财政部门会同有关部门制定，并报国务院批准。

第五十六条 建设单位使用国有土地的，应当按照土地使用权出让等有偿使用合同的约定或者土地使用权划拨批准文件的规定使用土地；确需改变该幅土地建设用途的，应当经有关人民政府自然资源主管部门同意，报原批准用地的人民政府批准。其中，在城市规划区内改变土地用途的，在报批前，应当先经有关城市规划行政主管部门同意。

第五十七条 建设项目施工和地质勘查需要临时使用国有土地或者农民集体所有的土地的，由县级以上人民政府自然资源主管部门批准。其中，在城市规划区内的临时用地，在报批前，应当先经有关城市规划行政主管部门同意。土地使用者应当根据土地权属，与有关自然资源主管部门或者农村集体经济组织、村民委员会签订临时使用土地合同，并按照合同的约定支付临时使用土地补偿费。

临时使用土地的使用者应当按照临时使用土地合同约定的用途使用土地，并不得修建永久性建筑物。

临时使用土地期限一般不超过二年。

第五十八条 有下列情形之一的，由有关人民政府自然资源主管部门报经原批准用地的人民政府或者有批准权的人民政府批准，可以收回国有土地使用权：

（一）为实施城市规划进行旧城区改建以及其他公共利益需要，确需使用土地的；

（二）土地出让等有偿使用合同约定的使用期限届满，土地使用者未申请续期或者申请续期未获批准的；

（三）因单位撤销、迁移等原因，停止使用原划拨的国有土地的；

（四）公路、铁路、机场、矿场等经核准报废的。

依照前款第（一）项的规定收回国有土地使用权的，对土地使用权人应当给予适当补偿。

第五十九条 乡镇企业、乡（镇）村公共设施、公益事业、农村村民住宅等乡（镇）村建设，应当按照村庄和集镇规划，合理布局，综合开发，配套建设；建设用地，应当符合乡（镇）土地利用总体规划和土地利用年度计划，并依照本法第四十四条、第六十条、第六十一条、第六十二条的规定办理审批手续。

第六十条 农村集体经济组织使用乡（镇）土地利用总体规划确定的建设用地兴办企业或者与其他单位、个人以土地使用权入股、联营等形式共同举办企业的，应当持有关批准文件，向县级以上地方人民政府自然资源主管部门提出申请，按照省、自治区、直辖市规定的批准权限，由县级以上地方人民政府批准；其中，涉及占用农用地的，依照本法第四十四条的规定办理审批手续。

按照前款规定兴办企业的建设用地，必须严格控制。省、自治区、直辖市可以按照乡镇企业的不同行业和经营规模，分别规定用地标准。

第六十一条 乡（镇）村公共设施、公益事业建设，需要使用土地的，经乡（镇）人民政府审核，向县级以上地方人民政府自然资源主管部门提出申请，按照省、自治区、直辖市规定的批准权限，由县级以上地方人民政府批准；其中，涉及占用农用地的，依照本法第四十四条的规定办理审批手续。

第六十二条 农村村民一户只能拥有一处宅基地，其宅基地的面积不得超过省、自治区、直辖市规定的标准。

人均土地少、不能保障一户拥有一处宅基地的地区，县级人民政府在充分尊重农村村民意愿的基础上，可以采取措施，按照省、自治区、直辖市规定的标准保障农村村民实现户有所居。

农村村民建住宅，应当符合乡（镇）土地利用总体规划、村庄规划，不得占用永久基本农田，并尽量使用原有的宅基地和村内空闲地。编制乡（镇）土地利用总体规划、村庄规划应当统筹并合理安排宅基地用地，改善农村村民居住环境和条件。

农村村民住宅用地，由乡（镇）人民政府审核批准；其中，涉及占用农用地的，依照本法第四十四条的规定办理审批手续。

农村村民出卖、出租、赠与住宅后，再申请宅基地的，不予批准。

国家允许进城落户的农村村民依法自愿有偿退出宅基地，鼓励农村集体经济组织及其成员盘活利用闲置宅基地和闲置住宅。

国务院农业农村主管部门负责全国农村宅基地改革和管理有关工作。

第六十三条 土地利用总体规划、城乡规划确定为工业、商业等经营性用途，并经依法登记的集体经营性建设用地，土地所有权人可以通过出让、出租等方式交由单位或者个人使用，并应当签订书面合同，载明土地界址、面积、动工期限、使用期限、土地用途、规划条件和双方其他权利义务。

前款规定的集体经营性建设用地出让、出租等，应当经本集体经济组织成员的村民会议三分之二以上成员或者三分之二以上村民代表的同意。

通过出让等方式取得的集体经营性建设用地使用权可以转让、互换、出资、赠与或者抵押，但法律、行政法规另有规定或者土地所有权人、土地使用权人签订的书面合同另有约定的除外。

集体经营性建设用地的出租，集体建设用地使用权的出让及其最高年限、转让、互换、出资、赠与、抵押等，参照同类用途的国有建设用地执行。具体办法由国务院制定。

第六十四条 集体建设用地的使用者应当严格按照土地利用总体规划、城乡规划确定的用途使用土地。

第六十五条 在土地利用总体规划制定前已建的不符合土地利用总体规划确定的用途的建筑物、构筑物，不得重建、扩建。

第六十六条 有下列情形之一的，农村集体经济组织报经原批准用地的人民政府批准，可以收回土地使用权：

（一）为乡（镇）村公共设施和公益事业建设，需要使用土地的；

（二）不按照批准的用途使用土地的；

（三）因撤销、迁移等原因而停止使用土地的。

依照前款第（一）项规定收回农民集体所有的土地的，对土地使用权人应当给予适当补偿。

收回集体经营性建设用地使用权，依照双方签订的书面合同办理，法律、行政法规另有规定的除外。

第六章　监督检查

第六十七条　县级以上人民政府自然资源主管部门对违反土地管理法律、法规的行为进行监督检查。

县级以上人民政府农业农村主管部门对违反农村宅基地管理法律、法规的行为进行监督检查的，适用本法关于自然资源主管部门监督检查的规定。

土地管理监督检查人员应当熟悉土地管理法律、法规，忠于职守、秉公执法。

第六十八条　县级以上人民政府自然资源主管部门履行监督检查职责时，有权采取下列措施：

（一）要求被检查的单位或者个人提供有关土地权利的文件和资料，进行查阅或者予以复制；

（二）要求被检查的单位或者个人就有关土地权利的问题作出说明；

（三）进入被检查单位或者个人非法占用的土地现场进行勘测；

（四）责令非法占用土地的单位或者个人停止违反土地管理法律、法规的行为。

第六十九条　土地管理监督检查人员履行职责，需要进入现场进行勘测、要求有关单位或者个人提供文件、资料和作出说明的，应当出示土地管理监督检查证件。

第七十条　有关单位和个人对县级以上人民政府自然资源主管部门就土地违法行为进行的监督检查应当支持与配合，并提供工作方便，不得拒绝与阻碍土地管理监督检查人员依法执行职务。

第七十一条　县级以上人民政府自然资源主管部门在监督检查工作中发现国家工作人员的违法行为，依法应当给予处分的，应当依法予以处理；自己无权处理的，应当依法移送监察机关或者有关机关处理。

第七十二条　县级以上人民政府自然资源主管部门在监督检查工作中发现土地违法行为构成犯罪的，应当将案件移送有关机关，依法追究刑事责任；尚不构成犯罪的，应当依法给予行政处罚。

第七十三条　依照本法规定应当给予行政处罚，而有关自然资源主管部门不给予行政处罚的，上级人民政府自然资源主管部门有权责令有关自然资源主管部门作出行政处罚决定或者直接给予行政处罚，并给予有关自然资源主管部门的负责人处分。

第七章 法律责任

第七十四条 买卖或者以其他形式非法转让土地的，由县级以上人民政府自然资源主管部门没收违法所得；对违反土地利用总体规划擅自将农用地改为建设用地的，限期拆除在非法转让的土地上新建的建筑物和其他设施，恢复土地原状，对符合土地利用总体规划的，没收在非法转让的土地上新建的建筑物和其他设施；可以并处罚款；对直接负责的主管人员和其他直接责任人员，依法给予处分；构成犯罪的，依法追究刑事责任。

第七十五条 违反本法规定，占用耕地建窑、建坟或者擅自在耕地上建房、挖砂、采石、采矿、取土等，破坏种植条件的，或者因开发土地造成土地荒漠化、盐渍化的，由县级以上人民政府自然资源主管部门、农业农村主管部门等按照职责责令限期改正或者治理，可以并处罚款；构成犯罪的，依法追究刑事责任。

第七十六条 违反本法规定，拒不履行土地复垦义务的，由县级以上人民政府自然资源主管部门责令限期改正；逾期不改正的，责令缴纳复垦费，专项用于土地复垦，可以处以罚款。

第七十七条 未经批准或者采取欺骗手段骗取批准，非法占用土地的，由县级以上人民政府自然资源主管部门责令退还非法占用的土地，对违反土地利用总体规划擅自将农用地改为建设用地的，限期拆除在非法占用的土地上新建的建筑物和其他设施，恢复土地原状，对符合土地利用总体规划的，没收在非法占用的土地上新建的建筑物和其他设施，可以并处罚款；对非法占用土地单位的直接负责的主管人员和其他直接责任人员，依法给予处分；构成犯罪的，依法追究刑事责任。

超过批准的数量占用土地，多占的土地以非法占用土地论处。

第七十八条 农村村民未经批准或者采取欺骗手段骗取批准，非法占用土地建住宅的，由县级以上人民政府农业农村主管部门责令退还非法占用的土地，限期拆除在非法占用的土地上新建的房屋。

超过省、自治区、直辖市规定的标准，多占的土地以非法占用土地论处。

第七十九条 无权批准征收、使用土地的单位或者个人非法批准占用土地的，超越批准权限非法批准占用土地的，不按照土地利用总体规划确定的用途批准用地的，或者违反法律规定的程序批准占用、征收土地的，其批准文件无效，对非法批准征收、使用土地的直接负责的主管人员和其他直接责任人员，依法给予处分；构成犯罪的，依法追究刑事责任。非法批准、使用的土地应当收回，有关当事人拒不归还的，以非法占用土地论处。

非法批准征收、使用土地，对当事人造成损失的，依法应当承担赔偿责任。

第八十条 侵占、挪用被征收土地单位的征地补偿费用和其他有关费用，构成犯罪的，依法追究刑事责任；尚不构成犯罪的，依法给予处分。

第八十一条 依法收回国有土地使用权当事人拒不交出土地的，临时使用土地期满拒不归还的，或者不按照批准的用途使用国有土地的，由县级以上人民政府自然资源主管部门责令交还土地，处以罚款。

第八十二条 擅自将农民集体所有的土地通过出让、转让使用权或者出租等方式用于非农业建设，或者违反本法规定，将集体经营性建设用地通过出让、出租等方式交由单位或者个人使用的，由县级以上人民政府自然资源主管部门责令限期改正，没收违法所得，并处罚款。

第八十三条 依照本法规定，责令限期拆除在非法占用的土地上新建的建筑物和其他设施的，建设单位或者个人必须立即停止施工，自行拆除；对继续施工的，作出处罚决定的机关有权制止。建设单位或者个人对责令限期拆除的行政处罚决定不服的，可以在接到责令限期拆除决定之日起十五日内，向人民法院起诉；期满不起诉又不自行拆除的，由作出处罚决定的机关依法申请人民法院强制执行，费用由违法者承担。

第八十四条 自然资源主管部门、农业农村主管部门的工作人员玩忽职守、滥用职权、徇私舞弊，构成犯罪的，依法追究刑事责任；尚不构成犯罪的，依法给予处分。

第八章 附　　则

第八十五条 外商投资企业使用土地的，适用本法；法律另有规定的，从其规定。

第八十六条 在根据本法第十八条的规定编制国土空间规划前，经依法批准的土地利用总体规划和城乡规划继续执行。

第八十七条 本法自 1999 年 1 月 1 日起施行。

中华人民共和国城市房地产管理法

（1994年7月5日第八届全国人民代表大会常务委员会第八次会议通过　根据2007年8月30日第十届全国人民代表大会常务委员会第二十九次会议《关于修改〈中华人民共和国城市房地产管理法〉的决定》第一次修正　根据2009年8月27日第十一届全国人民代表大会常务委员会第十次会议《关于修改部分法律的决定》第二次修正　根据2019年8月26日第十三届全国人民代表大会常务委员会第十二次会议《关于修改〈中华人民共和国土地管理法〉、〈中华人民共和国城市房地产管理法〉的决定》第三次修正）

目　录

第一章　总　　则

第一条　为了加强对城市房地产的管理，维护房地产市场秩序，保障房地产权利人的合法权益，促进房地产业的健康发展，制定本法。

第二条　在中华人民共和国城市规划区国有土地（以下简称国有土地）范围内取得房地产开发用地的土地使用权，从事房地产开发、房地产交易，实施房地产管理，应当遵守本法。

本法所称房屋，是指土地上的房屋等建筑物及构筑物。

本法所称房地产开发，是指在依据本法取得国有土地使用权的土地上进行基础设施、房屋建设的行为。

本法所称房地产交易，包括房地产转让、房地产抵押和房屋租赁。

第三条　国家依法实行国有土地有偿、有限期使用制度。但是，国家在本法规定的范围内划拨国有土地使用权的除外。

第四条　国家根据社会、经济发展水平，扶持发展居民住宅建设，逐步改善居民的居住条件。

第五条　房地产权利人应当遵守法律和行政法规，依法纳税。房地产权利人的合法权益受法律保护，任何单位和个人不得侵犯。

第六条　为了公共利益的需要，国家可以征收国有土地上单位和个人的房屋，并依法给予拆迁补偿，维护被征收人的合法权益；征收个人住宅的，还应当保障被征收人的居住条件。具体办法由国务院规定。

第七条　国务院建设行政主管部门、土地管理部门依照国务院规定的职权划分，各司其职，密切配合，管理全国房地产工作。

县级以上地方人民政府房产管理、土地管理部门的机构设置及其职权由省、自治区、直辖市人民政府确定。

第二章　房地产开发用地

第一节　土地使用权出让

第八条　土地使用权出让，是指国家将国有土地使用权（以下简称土地使用权）在一定年限内出让给土地使用者，由土地使用者向国家支付土地使用权出让金的行为。

第九条 城市规划区内的集体所有的土地，经依法征收转为国有土地后，该幅国有土地的使用权方可有偿出让，但法律另有规定的除外。

第十条 土地使用权出让，必须符合土地利用总体规划、城市规划和年度建设用地计划。

第十一条 县级以上地方人民政府出让土地使用权用于房地产开发的，须根据省级以上人民政府下达的控制指标拟订年度出让土地使用权总面积方案，按照国务院规定，报国务院或者省级人民政府批准。

第十二条 土地使用权出让，由市、县人民政府有计划、有步骤地进行。出让的每幅地块、用途、年限和其他条件，由市、县人民政府土地管理部门会同城市规划、建设、房产管理部门共同拟定方案，按照国务院规定，报经有批准权的人民政府批准后，由市、县人民政府土地管理部门实施。

直辖市的县人民政府及其有关部门行使前款规定的权限，由直辖市人民政府规定。

第十三条 土地使用权出让，可以采取拍卖、招标或者双方协议的方式。

商业、旅游、娱乐和豪华住宅用地，有条件的，必须采取拍卖、招标方式；没有条件，不能采取拍卖、招标方式的，可以采取双方协议的方式。

采取双方协议方式出让土地使用权的出让金不得低于按国家规定所确定的最低价。

第十四条 土地使用权出让最高年限由国务院规定。

第十五条 土地使用权出让，应当签订书面出让合同。

土地使用权出让合同由市、县人民政府土地管理部门与土地使用者签订。

第十六条 土地使用者必须按照出让合同约定，支付土地使用权出让金；未按照出让合同约定支付土地使用权出让金的，土地管理部门有权解除合同，并可以请求违约赔偿。

第十七条 土地使用者按照出让合同约定支付土地使用权出让金的，市、县人民政府土地管理部门必须按照出让合同约定，提供出让的土地；未按照出让合同约定提供出让的土地的，土地使用者有权解除合同，由土地管理部门返还土地使用权出让金，土地使用者并可以请求违约赔偿。

第十八条 土地使用者需要改变土地使用权出让合同约定的土地用途的，

必须取得出让方和市、县人民政府城市规划行政主管部门的同意，签订土地使用权出让合同变更协议或者重新签订土地使用权出让合同，相应调整土地使用权出让金。

第十九条 土地使用权出让金应当全部上缴财政，列入预算，用于城市基础设施建设和土地开发。土地使用权出让金上缴和使用的具体办法由国务院规定。

第二十条 国家对土地使用者依法取得的土地使用权，在出让合同约定的使用年限届满前不收回；在特殊情况下，根据社会公共利益的需要，可以依照法律程序提前收回，并根据土地使用者使用土地的实际年限和开发土地的实际情况给予相应的补偿。

第二十一条 土地使用权因土地灭失而终止。

第二十二条 土地使用权出让合同约定的使用年限届满，土地使用者需要继续使用土地的，应当至迟于届满前一年申请续期，除根据社会公共利益需要收回该幅土地的，应当予以批准。经批准准予续期的，应当重新签订土地使用权出让合同，依照规定支付土地使用权出让金。

土地使用权出让合同约定的使用年限届满，土地使用者未申请续期或者虽申请续期但依照前款规定未获批准的，土地使用权由国家无偿收回。

第二节 土地使用权划拨

第二十三条 土地使用权划拨，是指县级以上人民政府依法批准，在土地使用者缴纳补偿、安置等费用后将该幅土地交付其使用，或者将土地使用权无偿交付给土地使用者使用的行为。

依照本法规定以划拨方式取得土地使用权的，除法律、行政法规另有规定外，没有使用期限的限制。

第二十四条 下列建设用地的土地使用权，确属必需的，可以由县级以上人民政府依法批准划拨：

（一）国家机关用地和军事用地；

（二）城市基础设施用地和公益事业用地；

（三）国家重点扶持的能源、交通、水利等项目用地；

（四）法律、行政法规规定的其他用地。

第三章　房地产开发

第二十五条　房地产开发必须严格执行城市规划，按照经济效益、社会效益、环境效益相统一的原则，实行全面规划、合理布局、综合开发、配套建设。

第二十六条　以出让方式取得土地使用权进行房地产开发的，必须按照土地使用权出让合同约定的土地用途、动工开发期限开发土地。超过出让合同约定的动工开发日期满一年未动工开发的，可以征收相当于土地使用权出让金百分之二十以下的土地闲置费；满二年未动工开发的，可以无偿收回土地使用权；但是，因不可抗力或者政府、政府有关部门的行为或者动工开发必需的前期工作造成动工开发迟延的除外。

第二十七条　房地产开发项目的设计、施工，必须符合国家的有关标准和规范。

房地产开发项目竣工，经验收合格后，方可交付使用。

第二十八条　依法取得的土地使用权，可以依照本法和有关法律、行政法规的规定，作价入股，合资、合作开发经营房地产。

第二十九条　国家采取税收等方面的优惠措施鼓励和扶持房地产开发企业开发建设居民住宅。

第三十条　房地产开发企业是以营利为目的，从事房地产开发和经营的企业。设立房地产开发企业，应当具备下列条件：

（一）有自己的名称和组织机构；

（二）有固定的经营场所；

（三）有符合国务院规定的注册资本；

（四）有足够的专业技术人员；

（五）法律、行政法规规定的其他条件。

设立房地产开发企业，应当向工商行政管理部门申请设立登记。工商行政管理部门对符合本法规定条件的，应当予以登记，发给营业执照；对不符合本法规定条件的，不予登记。

设立有限责任公司、股份有限公司，从事房地产开发经营的，还应当执行公司法的有关规定。

房地产开发企业在领取营业执照后的一个月内，应当到登记机关所在地的县级以上地方人民政府规定的部门备案。

第三十一条 房地产开发企业的注册资本与投资总额的比例应当符合国家有关规定。

房地产开发企业分期开发房地产的，分期投资额应当与项目规模相适应，并按照土地使用权出让合同的约定，按期投入资金，用于项目建设。

第四章 房地产交易

第一节 一般规定

第三十二条 房地产转让、抵押时，房屋的所有权和该房屋占用范围内的土地使用权同时转让、抵押。

第三十三条 基准地价、标定地价和各类房屋的重置价格应当定期确定并公布。具体办法由国务院规定。

第三十四条 国家实行房地产价格评估制度。

房地产价格评估，应当遵循公正、公平、公开的原则，按照国家规定的技术标准和评估程序，以基准地价、标定地价和各类房屋的重置价格为基础，参照当地的市场价格进行评估。

第三十五条 国家实行房地产成交价格申报制度。

房地产权利人转让房地产，应当向县级以上地方人民政府规定的部门如实申报成交价，不得瞒报或者作不实的申报。

第三十六条 房地产转让、抵押，当事人应当依照本法第五章的规定办理权属登记。

第二节 房地产转让

第三十七条 房地产转让，是指房地产权利人通过买卖、赠与或者其他合法方式将其房地产转移给他人的行为。

第三十八条 下列房地产，不得转让：

（一）以出让方式取得土地使用权的，不符合本法第三十九条规定的条件的；

（二）司法机关和行政机关依法裁定、决定查封或者以其他形式限制房地产权利的；

（三）依法收回土地使用权的；

（四）共有房地产，未经其他共有人书面同意的；

（五）权属有争议的；

（六）未依法登记领取权属证书的；

（七）法律、行政法规规定禁止转让的其他情形。

第三十九条 以出让方式取得土地使用权的，转让房地产时，应当符合下列条件：

（一）按照出让合同约定已经支付全部土地使用权出让金，并取得土地使用权证书；

（二）按照出让合同约定进行投资开发，属于房屋建设工程的，完成开发投资总额的百分之二十五以上，属于成片开发土地的，形成工业用地或者其他建设用地条件。

转让房地产时房屋已经建成的，还应当持有房屋所有权证书。

第四十条 以划拨方式取得土地使用权的，转让房地产时，应当按照国务院规定，报有批准权的人民政府审批。有批准权的人民政府准予转让的，应当由受让方办理土地使用权出让手续，并依照国家有关规定缴纳土地使用权出让金。

以划拨方式取得土地使用权的，转让房地产报批时，有批准权的人民政府按照国务院规定决定可以不办理土地使用权出让手续的，转让方应当按照国务院规定将转让房地产所获收益中的土地收益上缴国家或者作其他处理。

第四十一条 房地产转让，应当签订书面转让合同，合同中应当载明土地使用权取得的方式。

第四十二条 房地产转让时，土地使用权出让合同载明的权利、义务随之转移。

第四十三条 以出让方式取得土地使用权的，转让房地产后，其土地使用权的使用年限为原土地使用权出让合同约定的使用年限减去原土地使用者已经使用年限后的剩余年限。

第四十四条 以出让方式取得土地使用权的，转让房地产后，受让人改变原土地使用权出让合同约定的土地用途的，必须取得原出让方和市、县人民政府城市规划行政主管部门的同意，签订土地使用权出让合同变更协议或者重新签订土地使用权出让合同，相应调整土地使用权出让金。

第四十五条 商品房预售，应当符合下列条件：

（一）已交付全部土地使用权出让金，取得土地使用权证书；

（二）持有建设工程规划许可证；

（三）按提供预售的商品房计算，投入开发建设的资金达到工程建设总投资的百分之二十五以上，并已经确定施工进度和竣工交付日期；

（四）向县级以上人民政府房产管理部门办理预售登记，取得商品房预售许可证明。

商品房预售人应当按照国家有关规定将预售合同报县级以上人民政府房产管理部门和土地管理部门登记备案。

商品房预售所得款项，必须用于有关的工程建设。

第四十六条 商品房预售的，商品房预购人将购买的未竣工的预售商品房再行转让的问题，由国务院规定。

第三节 房地产抵押

第四十七条 房地产抵押，是指抵押人以其合法的房地产以不转移占有的方式向抵押权人提供债务履行担保的行为。债务人不履行债务时，抵押权人有权依法以抵押的房地产拍卖所得的价款优先受偿。

第四十八条 依法取得的房屋所有权连同该房屋占用范围内的土地使用权，可以设定抵押权。

以出让方式取得的土地使用权，可以设定抵押权。

第四十九条 房地产抵押，应当凭土地使用权证书、房屋所有权证书办理。

第五十条 房地产抵押，抵押人和抵押权人应当签订书面抵押合同。

第五十一条 设定房地产抵押权的土地使用权是以划拨方式取得的，依法拍卖该房地产后，应当从拍卖所得的价款中缴纳相当于应缴纳的土地使用权出让金的款额后，抵押权人方可优先受偿。

第五十二条 房地产抵押合同签订后，土地上新增的房屋不属于抵押财产。需要拍卖该抵押的房地产时，可以依法将土地上新增的房屋与抵押财产一同拍卖，但对拍卖新增房屋所得，抵押权人无权优先受偿。

第四节 房屋租赁

第五十三条 房屋租赁，是指房屋所有权人作为出租人将其房屋出租给承租人使用，由承租人向出租人支付租金的行为。

第五十四条 房屋租赁，出租人和承租人应当签订书面租赁合同，约定租赁期限、租赁用途、租赁价格、修缮责任等条款，以及双方的其他权利和义务，并向房产管理部门登记备案。

第五十五条 住宅用房的租赁，应当执行国家和房屋所在城市人民政府规定的租赁政策。租用房屋从事生产、经营活动的，由租赁双方协商议定租金和其他租赁条款。

第五十六条 以营利为目的，房屋所有权人将以划拨方式取得使用权的国有土地上建成的房屋出租的，应当将租金中所含土地收益上缴国家。具体办法由国务院规定。

第五节　中介服务机构

第五十七条 房地产中介服务机构包括房地产咨询机构、房地产价格评估机构、房地产经纪机构等。

第五十八条 房地产中介服务机构应当具备下列条件：

（一）有自己的名称和组织机构；

（二）有固定的服务场所；

（三）有必要的财产和经费；

（四）有足够数量的专业人员；

（五）法律、行政法规规定的其他条件。

设立房地产中介服务机构，应当向工商行政管理部门申请设立登记，领取营业执照后，方可开业。

第五十九条 国家实行房地产价格评估人员资格认证制度。

第五章　房地产权属登记管理

第六十条 国家实行土地使用权和房屋所有权登记发证制度。

第六十一条 以出让或者划拨方式取得土地使用权，应当向县级以上地方人民政府土地管理部门申请登记，经县级以上地方人民政府土地管理部门核实，由同级人民政府颁发土地使用权证书。

在依法取得的房地产开发用地上建成房屋的，应当凭土地使用权证书向县级以上地方人民政府房产管理部门申请登记，由县级以上地方人民政府房产管理部门核实并颁发房屋所有权证书。

房地产转让或者变更时，应当向县级以上地方人民政府房产管理部门申请房产变更登记，并凭变更后的房屋所有权证书向同级人民政府土地管理部门申请土地使用权变更登记，经同级人民政府土地管理部门核实，由同级人民政府更换或者更改土地使用权证书。

法律另有规定的，依照有关法律的规定办理。

第六十二条 房地产抵押时，应当向县级以上地方人民政府规定的部门办理抵押登记。

因处分抵押房地产而取得土地使用权和房屋所有权的，应当依照本章规定办理过户登记。

第六十三条 经省、自治区、直辖市人民政府确定，县级以上地方人民政府由一个部门统一负责房产管理和土地管理工作的，可以制作、颁发统一的房地产权证书，依照本法第六十一条的规定，将房屋的所有权和该房屋占用范围内的土地使用权的确认和变更，分别载入房地产权证书。

第六章 法律责任

第六十四条 违反本法第十一条、第十二条的规定，擅自批准出让或者擅自出让土地使用权用于房地产开发的，由上级机关或者所在单位给予有关责任人员行政处分。

第六十五条 违反本法第三十条的规定，未取得营业执照擅自从事房地产开发业务的，由县级以上人民政府工商行政管理部门责令停止房地产开发业务活动，没收违法所得，可以并处罚款。

第六十六条 违反本法第三十九条第一款的规定转让土地使用权的，由县级以上人民政府土地管理部门没收违法所得，可以并处罚款。

第六十七条 违反本法第四十条第一款的规定转让房地产的，由县级以上人民政府土地管理部门责令缴纳土地使用权出让金，没收违法所得，可以并处罚款。

第六十八条 违反本法第四十五条第一款的规定预售商品房的，由县级以上人民政府房产管理部门责令停止预售活动，没收违法所得，可以并处罚款。

第六十九条 违反本法第五十八条的规定，未取得营业执照擅自从事房地产中介服务业务的，由县级以上人民政府工商行政管理部门责令停止房地产中介服务业务活动，没收违法所得，可以并处罚款。

第七十条 没有法律、法规的依据，向房地产开发企业收费的，上级机关应当责令退回所收取的钱款；情节严重的，由上级机关或者所在单位给予直接责任人员行政处分。

第七十一条 房产管理部门、土地管理部门工作人员玩忽职守、滥用职权，构成犯罪的，依法追究刑事责任；不构成犯罪的，给予行政处分。

房产管理部门、土地管理部门工作人员利用职务上的便利，索取他人财物，或者非法收受他人财物为他人谋取利益，构成犯罪的，依法追究刑事责任；不构成犯罪的，给予行政处分。

第七章 附 则

第七十二条 在城市规划区外的国有土地范围内取得房地产开发用地的土地使用权，从事房地产开发、交易活动以及实施房地产管理，参照本法执行。

第七十三条 本法自1995年1月1日起施行。

关于《〈中华人民共和国土地管理法〉〈中华人民共和国城市房地产管理法〉修正案（草案）》的说明

——2018年12月23日在第十三届全国人民代表大会常务委员会第七次会议上

自然资源部部长 陆 昊

委员长、各位副委员长、秘书长、各位委员：

我受国务院的委托，对《〈中华人民共和国土地管理法〉、〈中华人民共和国城市房地产管理法〉修正案（草案）》作说明。

党中央、国务院高度重视农村土地制度改革。习近平总书记指出，土地制度是国家的基础性制度，农村土地制度改革是个大事，涉及的主体、包含的利益关系十分复杂，必须审慎稳妥推进。李克强总理强调，要坚持从实际出发，因地制宜，深化农村土地制度改革试点，赋予农民更多财产权利，更好保护农民合法权益。按照党中央、国务院决策部署，在认真总结农村土地制度改革试点成果基础上，自然资源部会同有关方面起草了《〈中华人民共和国土地管理法〉、〈中华人民共和国城市房地产管理法〉修正案（草案）》（以下简称草案）。草案已经国务院同意。现说明如下：

一、修改工作情况

修改土地管理法是列入中央政治局常委会2018年工作要点的重大立法事项，是列入全国人大常委会、国务院2018年立法工作计划的立法项目。根据党中央关于农村土地制度改革的决策部署，全国人大常委会于2015年通过决定，授权国务院在试点地区暂时调整实施土地管理法、城市房地产管理法有关规定，并要求在总结试点经验基础上，对实践证明可行的，修改完善有关法律，授权期限至2017年12月31日。2017年，全国人大常委会决定将授权期限延长至2018年12月31日。

按照党中央、国务院统一部署，原国土资源部在总结农村土地征收、集体经营性建设用地入市、宅基地制度改革试点经验的基础上起草了土地管理法修正案（征求意见稿），向社会公开征求了意见，于2017年8月报送国务院。司法部先后两次征求农业农村部等有关部门、地方人民政府、研究机构和企业的意见，赴实地调研，召开专家论证会和有关部门座谈会，会同自然资源部反复研究修改，形成了草案。草案已经国务院第32次常务会议讨论通过。

二、修改的基本原则

土地制度是国家的基础性制度，事关经济社会发展和国家长治久安。在修改过程中坚持了以下原则。

一是坚持正确方向。按照习近平总书记关于“不能把农村土地集体所有制改垮了，不能把耕地改少了，不能把粮食生产能力改弱了，不能把农民利益损害了”的重要指示和李克强总理关于“任何时候都要守住耕地红线”“要坚持数量与质量并重，严格划定永久基本农田”的要求，坚持现行土地管理法关于土地所有制的规定，全面强化对永久基本农田的管理和保护，在征地补偿标准、宅基地审批等直接关系农民利益的问题上只做加法、不做减法，确保法律修改方向正确。

二是坚持问题导向。为破解集体经营性建设用地入市的法律障碍，删去了从事非农业建设必须使用国有土地或者征为国有的原集体土地的规定；为缩小土地征收范围、规范土地征收程序，限定了可以征收集体土地的具体情形，补充了社会稳定风险评估、先签协议再上报征地审批等程序；为完善对被征地农民保障机制，修改征收土地按照年产值倍数补偿的规定，强化了对被征地农民的社会保障、住宅补偿等制度。

三是坚持制度创新。在全面总结农村土地制度改革三项试点经验的基础上，落实党的十九大精神和中央有关政策文件，将依法经过试点、各方面认识比较一致的土地征收、集体经营性建设用地入市、宅基地管理方面的制度创新经验及时上升为法律制度；对经过实践检验比较成熟的永久基本农田保护、土地督察等制度通过法律予以明确；同时，为“多规合一”、国土空间规划体系建设等预留了法律空间。

四是坚持稳妥推进。按照习近平总书记关于“要采取稳妥的办法，既要做一些积极的探索，又要可控、不失控、不引起混乱”的重要指示和李克强总理关于“坚定不移实行最严格的耕地保护制度、最严格的节约用地制度，将良田沃土、绿色田园留给子孙后代”的要求，综合考虑我国城镇化的实际需求，兼顾不同省份经济社会发展的差异性，在征地补偿标准上将平均年产值倍数标准修改为区片综合地价标准并授权省、自治区、直辖市制定公布；在征地范围上与经实践检验比较可行的《国有土地上房屋征收与补偿条例》相衔接，同时将成片开发纳入可以征地的情形，以免对经济社会发展影响过大。

三、修改的主要内容

土地管理法修正案（草案）共二十九条，主要内容包括：

（一）关于土地征收

一是缩小土地征收范围。删去现行土地管理法关于从事非农业建设使用土地的，必须使用国有土地或者征为国有的原集体土地的规定；明确因政府组织实施基础设施建设、公共事业、成片开发建设等六种情形需要用地的，可以征收集体土地。其中成片开发可以征收土地的范围限定在土地利用总体规划确定的城镇建设用地范围内，此外不能再实施“成片开发”征地，为集体经营性建设用地入市预留空间（第十二条、第十四条）。

二是规范土地征收程序。要求市、县人民政府申请征收土地前进行土地现状调查、公告听取被征地的农村集体经济组织及其成员意见、组织开展社会稳定风险评估等前期工作，与拟征收土地的所有权人、使用权人就补偿安置等签订协议，测算并落实有关费用，保证足额到位，方可申请征收土地。个别确实难以达成协议的，应当在申请征收土地时如实说明，供审批机关决策参考（第十六条）。

三是完善对被征地农民合理、规范、多元保障机制。在总结试点经验的基础上，将公平合理补偿，保障被征地农民原有生活水平不降低、长远生计有保障作为基本要求；明确征收农用地的土地补偿费、安置补助费标准由省、自治区、直辖市制定公布区片综合地价确定，制定区片综合地价要综合考虑土地原用途、土地资源条件、土地产值、安置人口、区位、供求关系以及经济社会发展水平等因素，在实践中稳步推进，防止攀比；考虑到农村村民住宅补偿、被征地农民社会保障费用对被征地农民住有所居和长远生计的重要性，将这两项费用单列，明确征收农村村民住宅要按照先补偿后搬迁、居住条件有改善的原则，尊重农村村民意愿，采取重新安排宅基地建房、提供安置房等方式，保障其居住权，并将被征地农民纳入相应的养老等社会保障体系（第十七条）。

（二）关于集体经营性建设用地入市

一是明确入市的条件。对土地利用总体规划确定为工业、商业等经营性用途，并经依法登记的集体建设用地，允许土地所有权人通过出让、出租等方式交由单位或者个人使用，并应当签订书面合同，明确用地供应、动工期限、使用期限、规划用途和双方其他权利义务；相关建设用地使用权的收回依照双方签订的书面合同办理（第二十条、第二十二条）。

二是明确集体经营性建设用地入市后的管理措施。为维护土地管理秩序，明确要求集体建设用地使用权人严格按照土地利用总体规划确定的用途使用土地；集体建设用地使用权的最高年限、登记等，参照同类用途的国有建设用地执行。具体办法由国务院自然资源主管部门制定（第二十一条）。

（三）关于宅基地制度

一是健全宅基地权益保障方式。根据乡村振兴的现实需求和各地宅基地现状，规定对人均土地少、不能保障一户一宅的地区，允许县级人民政府在尊重农村村民意愿的基础上采取措施，保障农村村民实现户有所居的权利（第十九条第二款）。

二是完善宅基地管理制度。下放宅基地审批权，明确农村村民申请宅基地的，由乡（镇）人民政府审核批准，但涉及占用农用地的，应当依法办理农用地转用审批手续；落实深化党和国家机构改革精神，明确国务院农业农村主管部门负责全国农村宅基地改革和管理有关工作，赋予农业农村主管部门在宅基地监督管理和行政执法等方面相应职责（第十九条第四款和第七款、第二十三条、第二十六条）。

三是探索宅基地自愿有偿退出机制。原则规定允许进城落户的农村村民依法自愿有偿退出宅基地（第十九条第六款）。

此外，关于宅基地所有权、资格权、使用权“三权分置”问题，2018 年中央 1 号文件提出“探索宅基地所有权、资格权、使用权‘三权分置’”，一些地方进行了试点探索。考虑到宅基地所有权、资格权、使用权属于重要的民事权益，目前试点面还不够宽，试点时间比较短，尚未形成可复制、可推广的制度经验，各有关方面对“三权分置”的具体界定、相关权利的实现方式等还未形成共识，当前直接确定为法律制度的条件还不成熟，建议待进一步试点探索、总结经验后，通过立法予以规范。

（四）其他修改

一是强化耕地尤其是永久基本农田保护。要求地方人民政府确保规划确定的本行政区域内耕地保有量不减少、质量不降低。明确永久基本农田要落实到地块，设立保护标志，纳入国家永久基本农田数据库严格管理，并由乡（镇）人民政府将其位置、范围向社会公告；任何单位和个人不得擅自占用永久基本农田或者改变其用途；国家重点建设项目选址确实难以避让永久基本农田，涉及农用地转用或者土地征收的，必须经国务院批准；禁止通过擅自调整县、乡（镇）土地利用总体规划的方式规避永久基本农田农用地转用或者土地征收的审批（第七条至第十条、第十三条）。

二是为“多规合一”预留空间。将落实国土空间开发保护要求作为土地利用总体规划的编制原则，规定经依法批准的国土空间规划是各类开发建设活动的基本依据，已经编制国土空间规划的，不再编制土地利用总体规划和城市总体规划（第四条）。

三是适当下放农用地转用审批权限。按照现行法律规定，凡是省级人民政府批准的道路、管线工程和大型基础设施建设项目、国务院批准的建设项目，其农用地转用都由国务院批准。中央一级审批范围较大，用地审批周期长，社会反映强烈，成为土地管理中的突出问题之一。为深化“放管服”改革和改善营商环境，需要在严格保护耕地特别是永久基本农田的前提下，适当下放农用地转用审批权限。草案规定，永久基本农田转为建设用地的，由国务院批准；其他原由国务院批准的情形，改为“由国务院或者国务院授权的省、自治区、直辖市人民政府批准”。分批次用地，原规定由“原批准土地利用总体规划的机关批准”，改为“按照国务院规定由原批准土地利用总体规划的机关或者其授权的机关批准”（第十三条）。

四是删去了省级人民政府批准征地报国务院备案的规定。现行法律规定，省、自治区、直辖市人民政府批准征地，需报国务院备案。草案删去了“并报国务院备案”的规定，主要考虑：按照“谁的事权谁负责”的原则，省级人民政府决定征收的事项，由该人民政府负责。取消备案后，更有利于压实地方责任。从实践看，向国务院备案的作用、目的不清晰，效果并不明显。自然资源部拟通过督察、用地审批监管平台等行政、技术手段加强对地方的监管（第十五条）。

同时，根据土地管理实践经验，结合机构改革、财政管理制度等方面的需要，对土地督察制度、部门名称、相关费用使用、部分法律责任条款等一并作了修改。

此外，为与土地管理法修改做好衔接，扫清集体经营性建设用地入市的法律障碍，对城市房地产管理法第九条关于城市规划区内的集体土地必须先征收为国有后才能出让的规定一并作出修改，城市房地产管理法修正案（草案）规定：“城市规划区内的集体所有的土地，经依法征收转为国有土地后，该幅国有土地的使用权方可有偿出让，但法律另有规定的除外。”

草案和以上说明是否妥当，请审议。

准确理解新修订法官法的立法精神和主要内容　努力推进中国特色社会主义法官制度的新发展

马世忠*

党的十八届四中全会提出，全面推进依法治国，必须建设一支高素质的法治专门队伍。“得其人而不得其法，则事必不能行；得其法而不得其人，则法必不能济。人法兼资，而天下之治成。”法官法作为我国法官制度的“总章程”，其立法质量高低，实施效果如何，直接决定着法官队伍职业化建设的成效，直接影响着审判权功能作用的发挥，直接关系“让人民群众在每一个案件中感受到公平正义”目标的实现。2019 年 4 月 23 日，十三届全国人大常委会第十次会议表决通过了新修订的法官法，并于今年 10 月 1 日正式实施。这是我国法官制度发展历程中的一个里程碑，标志着我国法官队伍职业化建设取得了新的重大进展，为今后继续深入推进高素质法官队伍建设及审判体系和审判能力现代化提供了强有力的制度保障。

一、法官法修改的背景和意义

与时俱进是法律制度的实践要求和应有品格。1995 年 2 月，原法官法经八届全国人大常委会第十二次会议表决通过，是我国历史上第一部规定法官职业群体的单行法律，由此，以法律形式确认了法官职业的特殊性，标志着中国特色社会主义法官制度的正式确立。总的来看，1995 年法官法较为全面地规

* 作者单位：最高人民法院。

定了法官的权利义务、任免机制、培训考核、工资福利等制度，特别是明确要求担任法官必须具备大学专科以上学历，初任法官人选应当通过公开考试、严格考核，院长、副院长应当从法官或者其他具备法官条件的人员中择优提出人选。从此，法官开始从一般公务人员向司法官员身份转变，从不注重法律背景和文化素养的法官大众化开始向法官职业化转变，从行政化管理开始向符合司法规律的专门化管理转变。在此之后，我国法官法共经历了三次修订：第一次是2001年6月，九届全国人大常委会第二十二次会议审议通过法官法修正案，规定国家对初任法官实行统一的司法考试制度。2002年1月1日，修正后的法官法正式施行，将法官任职的学历条件提高为本科毕业，并提出应具有法律工作经历的标准，严格法官的选任程序和条件，进一步提高了法官的“入口关”。第二次是2017年9月1日，十二届全国人大常委会第二十九次会议表决通过了关于修改法官法等八部法律的决定，根据国家司法考试制度改革情况，对初任法官的产生条件及任职资格进行了局部调整。第三次即2019年4月完成对法官法的全面修改。

此次法官法修改，有其深刻而重大的历史背景。党的十八大以来，以习近平同志为核心的党中央全面推进依法治国战略，司法体制改革不断深化，人民法院工作也出现了许多新情况新问题。这对法院队伍建设和法官管理体制提出了新的更高要求。实践表明，原法官法关于法官的权利义务、任职条件、选任机制、职业保障等很多内容，已经不能完全适应新形势新任务的发展需要。

习近平总书记在2014年的中央政法工作会议讲话中指出：“司法权是对案件事实和法律的判断权和裁决权，要求司法人员具有相应的实践经历和社会阅历，具有良好的法律专业素养和司法职业操守。”这揭示出司法活动具有特殊的性质和规律，司法工作具有不同于其他公务员的职业特点和要求。总书记的重要论断，既是本轮法官制度改革的出发点，也是修订法官法的总纲领和总遵循。党的十八大和十八届三中、四中全会从全面推进依法治国、建设社会主义法治国家的高度，作出了进一步深化司法体制改革、完善中国特色社会主义司法制度的战略部署。新一轮司法体制改革提出了完善司法责任制、推进司法人员分类管理、加强司法人员职业保障、推动省以下地方法院检察院人财物统一管理等重大改革任务。按照中央提出的“重大改革于法有据”的要求，全国人大及其常委会大力支持司法体制改革，积极推进与改革配套的相关法律的修订完善，为司法改革提供了坚实有力的法律保障。根据中央部署要求，对原法官法进行全面系统的修改，既是贯彻落实中央全面推进依法治国战略的重要举措，也是及时巩固司法体制改革成果的客观需要。而且，随着公务员法、刑事诉讼法、民事诉讼法、行政诉讼法、法院组织法、检察院组织法等法律的不断完善，相应修改法官法，进一步明确法官的权利义务、任职条件、选任机制、管理体制和职业保障等，也有利于维护法律之间的有效衔接和协调统一，有利于加快建设更加公正高效权威的社会主义司法制度。

二、法官法修改的定位和原则

在我国的立法实践中，法律修改主要有三种形式，分别是修订、修改决定和修正案。总的来说，此次法官法修改属于法律修订，即对法官法进行较大范围的修改，修改内容既包括基本原则、重要制度，也涉及框架结构和具体规定。当然，在此过程中，2017 年 9 月，全国人大常委会根据国家司法考试制度改革情况，以修改决定的形式对法官法进行了局部调整，将国家司法考试变更为国家统一法律职业资格考试，仅涉及原法官法第十二条第一款及第五十一条两个条款的修改（参见第十二届全国人民代表大会常务委员会第二十九次会议决定）。

按照中央和全国人大的部署要求，法官法修订草案在研究起草过程中，着重遵循了以下几项重要原则。

一是坚持党的领导。

法官法的修改是贯彻落实中央全面深化改革总体布局的具体体现。法官法修改过程中始终坚持党的领导，坚持中国特色社会主义制度，坚持社会主义法治理念，切实按照中央关于全面推进依法治国的统一部署，找准法官制度改革的立足点和着眼点，不断改进和完善党对司法工作的领导。无论是在总则中规定“保障人民法院依法独立行使审判权”的立法目的，还是在法官的遴选、任免、管理及监督等章节中贯彻党管干部原则，都体现了坚持和加强党的领导的根本要求。

二是符合宪法精神。

宪法是我国的根本大法。习近平总书记指出：“依法治国，首先是依宪治国；依法执政，关键是依宪执政。”法官法修改工作深入贯彻宪法精神，严格在现行宪法框架下进行，突出了宪法的地位和权威。新修订法官法在第一条立法目的中强调“根据宪法，制定本法”，在总则第三条中要求“法官必须忠实执行宪法和法律"，并将"严格遵守宪法和法律"作为法官应当履行的第一项义务，在法官的任职条件中也专门规定法官应当"拥护中华人民共和国宪法"，第十九条规定"法官在依照法定程序产生后，在就职时应当公开进行宪法宣誓"。这都充分体现了对宪法原则、宪法要求及宪法精神的尊重和遵循。

三是尊重司法规律。

法官法的修改对法官队伍建设影响深远，必须从我国的基本国情出发，必须符合我国人民法院的实际情况，必须遵循审判规律和司法职业特点，真正解决人民法院在建设法治中国进程中面临的突出问题，这是此次修法工作的基本立足点。如作为本轮司法体制改革"牛鼻子"的司法责任制改革，就是由司法权的亲历性规律决定的。过去，我国司法权运行具有明显的行政化色彩，案件办理由院庭长层层审批，导致审者不判、判者不审，既难以有效保障司法公正，也难以追究违法审判责任。实践中，司法要解决的诉讼纠纷，往往是诉讼双方各执一词、各论其理，法官必须以直接言辞为亲历的主要方式，以庭审为亲历的主要场所，亲自审查各方提交的证据材料，亲自听取各方陈述、举证、质证、辩论，才能切实避免偏听偏信，作出客观公正的裁判。因此，此次法官法修改严格遵循司法活动的亲历性规律，确立了法官的办案主体地位，在第八条法官的职责中明确规定法官在职权范围内对所办理的案件负责，在第五十四条规定法官对任何干涉办案的行为有权拒绝并全面如实记录和报告，充分体现了"让审理者裁判、由裁判者负责"的改革方向和核心要求。当然，任何权力的行使都必须有监督，否则就会失控而走向反面。第一条在立法目的中明确"加强对法官的管理和监督"，同时在第九条规定院长、副院长、审判委员会委员、庭长、副庭长除履行审判职责外，还应当履行与其职务相适应的职责。在第四十六条规定了法官应受惩戒的情形，其实也是从反面加强对法官履职行为的规制和约束。在《人民法院第五个五年改革纲要》中又进一步完善了审判监督管理机制，明确院长、庭长权力清单和管理职责，健全履职指引和案件监管的全程留痕制度。

四是体现司法体制改革成果。

习近平总书记多次强调，要坚持改革决策和立法决策相统一、相衔接，做到重大改革于法有据，改革和法治同步推进。党的十八届三中、四中全会所确立的司法改革措施，其中很多需要以立法形式，特别是需要在法官法中得到确认和体现。如2014年党的十八届四中全会要求，加快建立符合职业特点的法治工作人员管理制度，推进以法官员额制为核心的司法人员分类管理改革。截至2017年6月，以最高人民法院遴选产生367名员额法官为标志，全国法院法官员额制改革全面完成，此后各地法院又相继开展了第二批、第三批员额法官的选任，员额法官遴选工作逐步走向常态化、制度化和规范化。据此，新修订的法官法第二十五条对法官实行员额制管理作出了明确规定，进一步巩固了员额制改革成果。另外，新修订法官法还对司法体制改革中涉及的法官单独职务序列、提高法官任职条件、加强法官职业保障等内容，进行了规范和固定。

五是借鉴域外经验。

任何国家的法律制度都不是封闭的，不同法律制度之间相互影响、相互作用、相互借鉴是必然也是很有必要的。为此，法官法修订在立足我国国情和司法现状的基础上，认真研究借鉴域外法治成果，不断推进完善中国特色社会主义法律体系。2016年，最高人民法院编辑出版了《域外法院组织和法官管理法律译编》，汇集了域外主要国家及港澳地区法院组织和法官管理方面的法律制度，为法官法修改提供了有益参照。如大陆法系国家一贯秉承培养法官的理念，德国就将对法官素质和能力的培养嵌入了大学教育阶段，日本、韩国也纷纷改革其法学教育制度，以实现培养优秀法官的目标。即便是公认的主要依靠从律师中遴选法官的英美法系国家，也逐渐转变理念，更加重视对法官的培养和培训。为更好落实法律职业人才选拔培养的专业性要求，此次法官法修订对担任法官的学历学位条件作出了相应修改，从源头上提高了法官的门槛条件，同时在“法官的管理”这一章中，对初任法官统一职前培训制度以及遴选为法官后的后续培训制度提出了明确要求。

六是预留制度空间。

法官法政策性强、涉及面广，有些改革还在试点过程中，对一些实践不充分、尚未形成广泛共识的问题，宜作原则性规定或者暂不作规定。如为确保法官法修订草案如期提请全国人大常委会审议，对前期曾经研究讨论的法官由省级人大常委会统一任免、大法官授予发布程序、实行法官拘留逮捕许可制度等，暂时予以搁置。此外，法官法修订在调整范围的把握上特别注重与法院组织法的修改统筹协调，特别注重与法院组织法修改确定的基本原则和方向衔接配合，确保了两部法律的内在一致性和协调性。

三、法官法修改的重点内容

基于前述修法的原则和思路，新修订的法官法从结构体例到具体内容都进行了重大调整，大致可归纳为八个方面。

（一）优化了总体框架结构

原法官法共有17章53条。本次修法对总体框架结构进行了重新设计，新法官法共有8章69条，修改后的结构更加简洁，体例更加合理，逻辑更加清晰，内容更加充实。具体体现在：

一是在总则部分增加了法官公正、中立、勤勉、廉洁等法官职业伦理的内容。公正、中立、勤勉、廉洁属于法官职业伦理的核心内容，也是法官职业的内在要求，此次修法进行了明确。司法的目的不仅是实施既定的法律，还要通过案件审判化解矛盾，定分止争，促进社会的和谐、稳定与发展。司法实践中，法官队伍个体情况差异较大，对案件事实的认定及对法律的适用会受到诸多内外因素的影响，甚至遇到普遍正义与个别正义相冲突的情形。这时，法官面临的可能就不只是一个将法律规范适用于具体案件的问题，更重要的是能否取得社会广泛认同的裁判结果。这个结果在实现个案正义的同时，必须最大限度地符合公众舆论的普遍理性及社会的公序良俗，并合乎特定时期的社会政策。这就需要法官遵循司法伦理，积极引入一些政策性、道德性因素的考量，有效回应民意的诉求，回归立法的本意，做好情理法的融合，促进纠纷的实质解决，最终实现法律效果和社会效果的有机统一。如2017年发生在河南的“电梯内劝阻吸烟案”，二审判决认为，让正当行使劝阻吸烟权利的公民承担责任，既是对社会公共利益的损害，也与民法的立法宗旨相悖，而劝阻电梯内吸烟的行为合法、正当，符合公序良俗，是自觉维护社会公共利益的行为，应当鼓励。案件审判传递出“人民法院依法支持和保护公民正当行为”的积极信号，取得了很好的法律效果和社会效果。

二是将原法官法中零散分列的员额管理、职务序列、教育培训、离任限制等内容纳入“法官管理”一章，将法官的职责和权利、义务合并为一章，将法官的考核、奖励和惩戒合并为一章，使法律文本的整体结构更加简洁紧凑。

三是整合法官的履职保障、人身安全保障及工资福利保障等，将法官的职业保障专门成章。作出这一调整，应该说有其深刻的时代背景。近年来，人民法院的工作任务越来越重，案件审理难度越来越大，法官超负荷工作已经成为常态，法官的职业风险进一步加剧，法院干警身体和心理健康面临着巨大考验。有的法官因积劳成疾倒在了审判台上或者办案过程中，令人深感痛心。可以说，加强法官职业保障，关系到全国法院每一位法官的切身利益，更关乎国家法治建设和法律权威。为法官依法履职创造良好的司法环境，既是司法体制综合配套改革的内在要求，又是人民法院实现司法为民、公正司法工作目标的必要前提和重要保证。将法官职业保障专门成章，正是基于以上考虑，也是从制度上维护法官群体的职业权利。

此外，对原法官法中的部分内容，如法官辞退的情形、法官奖励的类别、法官处分的种类及其后果等，可以援用公务员法相关规定，出于简化法律文本的考虑，在新修订法官法中原则上就不再作重复规定。

（二）突出了法官的政治素质要求

把政治建设摆在首位，是由政法机关的政治属性决定的。习近平总书记指出，每一种法治形态背后都有一套政治理论，每一种法治模式当中都有一种政治逻辑，每一条法治道路底下都有一种政治立场。中外法治实践也充分表明，法治当中有政治，没有脱离政治的法治，更没有超越政治的法治。我们国家的政法机关首先是政治机关，人民法院当然首先也是政治机关，政治机关就必须把政治建设摆在首位。一段时期以来，有的法院想到自己是执法办案的审判机关比较多，清醒地认识到法院首先是政治机关的比较少。少数干警对坚持党对人民法院工作的绝对领导存在模糊认识，对中国特色社会主义司法制度缺乏充分自信，抵制西方“三权分立”“司法独立”等错误思潮影响不够坚定自觉。这与人民法院的政治属性是不相符的，实际上也背离了司法公正的应有之义。自2019年6月起，党中央部署在全体党员中开展“不忘初心、牢记使命”主题教育，其根本任务就是深入学习贯彻习近平新时代中国特色社会主义思想，锤炼忠诚干净担当的政治品格，特别是主题教育明确把“思想政治受洗礼”作为五个目标任务之一，充分体现了中央对加强党的政治建设的高度重视。

在法官法修订过程中，按照习近平总书记关于“要旗帜鲜明把政治建设放在首位，努力打造一支党中央放心、人民群众满意的高素质政法队伍”的要求，在立法目的中增加了“为了全面推进高素质法官队伍建设”，以更好地体现对法官队伍政治、业务等各方面素质的全面要求。同时，在法官任职条件中，增加了“拥护中国共产党领导和社会主义制度”，要求“具有良好的政治素质”；在法官培训中增加了政治培训的内容，进一步强化了对法官政治素质的要求。

（三）完善了法官单独职务序列

新修订的法官法明确了法院人员分类管理、法官员额制、单独职务序列、法官逐级遴选等内容。其中，法官单独职务序列改革是推进法官队伍职业化建设的关键一环，在法院人员分类管理改革中居于基础性地位。此次修法将改革试点中行之有效的改革措施上升为法律规定，明确实行法官单独职务序列管理，法官等级分为四等十二级，最高人民法院院长为首席大法官。应当清楚，建立法官单独职务序列，不是变相为法官提职级、加工资，而是要依托四等十二级法官等级制度，在实行法官员额制基础上实现法官等级与行政职级脱钩，充分体现法官职业特点，实行有别于其他公务员的人事管理制度。改革前，法官与其他公务员一样实行行政化管理，法官之间实际存在着上下级关系。这种管理体制不利于法官平等行使审判权，也不符合法官职业特点和审判工作规律。从严格意义上讲，法官等级主要代表资历深浅，并不意味着职位高低，等级不同的法官就同一起案件行使审判权时，权力平等，共同担责，不应存在“谁级别更高，谁审批把关”的现象。

此次法官法修改，在法官实行单独职务序列方面，除了明确“法官等级晋升采取按期晋升和择优选升相结合的方式”外，还规定“特别优秀或者工作特殊需要的一线办案岗位法官可以特别选升”。目前，全国法院均已开展了法官等级的按期晋升工作，多数法院已开展或正在开展法官等级择优选升工作，但对于特别选升的适用情形，各地在理解和把握上还不尽一致。特别选升的适用情形主要有三种：一是可以突破任职资格的规定。如正常晋升三级高级法官，应当任四级高级法官三年以上，若适用特别选升，则可不受三年任职时间的限制。二是可以越级晋升法官等级。一般情况下，法官等级应当逐级晋升，在适用特别选升的情况下，则可越级晋升。上述两种特别选升的情形，在符合相关条件的前提下，既可适用于按期晋升的法官，也可适用于择优选升的法官。三是可以突破法官等级设置的“天花板”。一般地市的基层法院，法官等级最高设置为三级高级法官，但根据中央文件规定，个别长期在基层法院任职、工作特别优秀、为审判事业作出突出贡献的法官，可突破限制晋升至二级高级法官。

（四）进一步细化了法官职责

原法官法关于法官职责的规定，除将“法律规定的其他职责”作为兜底条款外，主要即为“依法参加合议庭审判或者独任审判案件”。为与修改后的检察官职责保持结构体例上的平衡，有必要对法官的职责也予以充实。有观点提出，按照诉与非诉的案件类型，可将法官职责分为审理刑事、民事、行政三大诉讼案件和办理引渡、司法协助、国家赔偿等非诉案件两大类。这种划分方式具有一定的可操作性。同时，从工作性质考虑，国家赔偿工作也属于人民法院的基础审判工作，与三大诉讼的性质、地位相同。而且根据国家赔偿法、法院组织法相关规定，法院的国家赔偿委员会与合议庭、审判委员会一样，是人民法院的一级审判组织，依法审判国家赔偿案件。据此，新法官法确定将审理国家赔偿案件与审判三大诉讼案件列入一项职责当中，具体表述为“依法参加合议庭审判或者独任审判刑事、民事、行政诉讼以及国家赔偿等案件”，相应第二项职责修改为“依法办理引渡、司法协助等案件”，而不再区分诉与非诉的案件类型。另外考虑到人民法院执行体制改革尚未全面开展，部分改革措施也没有实质性推进，此次法官法修改中暂不涉及执行改革，因此在法官职责中暂未规定办理执行异议的内容。

（五）完善了法官的任职条件

以往相当长时间，各级人民法院法官基本都遵循由书记员到助理审判员再到审判员的成长路径，助理审判员由本院院长任命。近年来，面对案多人少的巨大压力，有的基层法院招录新人入院后一两年的时间就任命了助理审判员职务，不少法院的助理审判员甚至成为主要的办案力量。这种法官速成模式其实并不符合法官的成长规律和职业养成。根据习近平总书记关于“司法人员应具有相应的实践经历和社会阅历”的要求，此次法官法修改对担任法官的条件进行了重大调整，取消了助理审判员设置，其目的就是要提高法官的任职条件，延长法官的成长周期。

1. 年龄条件

法官任职年龄问题一直广受关注，修法过程中有观点认为应将法官任职年龄从年满 23 周岁提高到 28 周岁。诚然，从办案过程中的分析判断、逻辑推理以及事实认定等方面来看，一个资深法官相对于年轻法官的确更有优势。但从世界范围看，由于自身情况和司法传统等不同，各国、各地区对法官任职年龄的要求也不尽一致，大陆法系国家初任法官的任职年龄普遍低于英美法系国家。①新修订法官法对法官任职年龄未作硬性规定，主要是考虑到：一方面，年满 23 周岁仅是法官任职的最低年龄条件，担任法官仍需要满足其他任职条件要求，特别是一般要具有五年以上法律工作经历；另一方面，参照公务员法，虽然一般本科毕业都会超过 18 周岁，但公务员法仍然规定了年满 18 周岁的任职条件，主要就是因为最低年龄条件只是一个下限，并不等同于任职的实际年龄。最终，新修订法官法鉴于社会各界对法官任职年龄问题尚未达成充分共识，因而删除了法官任职年龄的最低要求。

2. 学历学位条件

按照党的十八届四中全会关于“建设高素质法治专门队伍”的要求，中央对法律职业人才选拔培养制度作出重大改革，制定印发了《关于完善国家统一法律职业资格制度的意见》，适当提高了对报考人员的学历要求。从理论上说，法官是专司裁判的专业人员，需要特有的知识、技能、思维以及伦理储备，而严格的大学准入考试、系统的法学专业教育，有利于法治思维和法治能力的训练养成，有利于从源头上保证法律职业人员的专业素养和专业能力；从实践中看，随着我国法学教育的不断发展，普通高等学校本科以上法学毕业生不断增加，提高初任法官学历条件已经具备较好基础。据此，新修订法官法基本按照《关于完善国家统一法律职业资格制度的意见》相关规定，提高了法官任职的学历学位条件，要求本科应为全日制高校毕业，并取得相应学位。同时，将条件放宽地区的学历条件由“高等院校法律专业专科毕业”提高为“高等学校本科毕业”，但不要求必须是全日制，即条件放宽地区的成人教育、自学考试、函授本科毕业生等仍然可以担任法官。

3. 法律工作年限条件

本轮司法体制改革明确要求，未来的法官主要从法官助理中择优选拔产生。根据《法官、检察官单独职务序列改革试点方案》等中央文件，初任法官需要任法官助理满五年（含试用期）。此次法官法修改及时将这一改革成果以法律形式固定下来，明确将从事法律工作满五年作为法官任职的一项基本要求。同时，在法官养成中，为了充分体现司法实践经验和更高学历层次的重要性，修订后的法官法继续保留了关于获得硕士、博士学位可适当缩减从事法律工作年限的做法。至于如何理解“法律工作经历”，目前主要适用全国人大常委会法工委曾作出的专门解释。当然，随着法官队伍职业化的不断增强，可进一步研究将从事法律工作的范围限定在从事国家或地方立法、审判、检察以及律师和法学教学研究等与法官工作密切相关的范围。

4. 任职资格

原法官法中，将担任法官的法律资格和法官的任职条件分开加以规定，即法官的法律资格要求没有列在法官的任职条件中，而是在法官的任免部分予以规定。此次修法中提出，担任法官的法律资格要求应是法官任职条件的重要组成部分，将其割裂在不同的章节进行规定，不符合法官革命化正规化专业化职业化建设的内在要求，在实践中也容易产生理解认识上的分歧和争议。据此，新修订法官法将法律职业资格明确写入了法官的任职条件当中，也就是说初任法官应当通过国家统一法律职业资格考试取得法律职业资格。需要说明的是，新修订法官法第十四条规定："人民法院的院长应当具有法学专业知识和法律职业经历。副院长、审判委员会委员应当从法官、检察官或者其他具备法官条件的人员中产生"。因而，在取得法律职业资格明确作为担任法官的条件后，除各级法院院长外，将来未任命过法官职务的人员直接担任法院副院长、审判委员会委员的，都应通过国家统一法律职业资格考试取得法律职业资格。这样，一方面，有利于提高法院队伍整体的专业化水平，另一方面，也对交流到法院来的系统外干部提出了更高的要求。

（六）健全了法官的选任机制

1. 从律师、专家学者中公开选拔法官

本轮司法体制改革中，为深化立法工作者、法官、检察官招录制度改革，中央印发了《从律师和法学专家中公开选拔立法工作者、法官、检察官办法》。实践中，最高人民法院以及上海、江苏等部分地方法院也相继开展了从律师和法学专家中公开选拔法官工作，取得了较好的效果。应当说，选任范围的拓宽、法官来源的多元，既增加了法律人才间的竞争，又提升了法官队伍的质量。法官法修改中，充分吸纳了上述《办法》的具体要求，明确规定，"人民法院可以根据审判工作需要，从律师或者法学教学、研究人员等从事法律职业的人员中公开选拔法官"，同时对律师的执业年限和法学教学研究人员的职称、教学研究年限等提出了具体要求。需要指出的是，随着担任法官条件的调整，即将取得法律职业资格列入法官的任职条件，将来参加法官职位公开选拔的法学教学研究人员也应通过国家统一法律职业资格考试，取得法律职业资格。

2. 设立法官遴选委员会

法官作为个人品行良好、职业道德优秀、法律素养过硬的司法人员，非经严格、公开、公正考察遴选难以产生，也难以服众。世界各国都对法官遴选设置了非常严格的标准，且一般都设有考核法官候选人的专门机构，如日本的法官提名咨询委员会、德国联邦法院的法官选举委员等，专门负责对候选人综合素质的审查和把关，以保证法官遴选不受地方影响和干涉，并体现国家对法官选任的重视。新修订的法官法对我国法官遴选委员会的设置、人员组成、工作机构等作出了具体规定。目前，遴选委员会只分为最高人民法院和省级两个层级。省级法官遴选委员会的职责在于负责初任法官专业能力的审核，其组成人员中法官代表不得少于1/3。因此，除对初任法官专业能力进行把关之外，法院员额管理、逐级遴选、等级晋升等不属于省级法官遴选委员会的职权。随着法官选任的常态化，应对法官遴选委员会的各项制度机制进一步研究细化，推动法官遴选委员会逐步实现“职责定位科学、人员组成多元、考核标准专业、运行程序规范”的设计目标。

3. 规定法官逐级遴选制度

法律的生命在于经验。按照改革前的法官选任规定，法官任职条件趋同，对法律职业经验的要求偏低，部分审判经验不足、司法阅历较少的人员可以直接担任上级法院法官，未能体现出各级法院的功能差异和任职要求，在实践中也很难让下级法院的法官信服。实行法官逐级遴选，既是完善法官养成机制的内在要求，也是域外法治国家特别是大陆法系国家遴选法官的普遍做法。关于法官逐级遴选中的相关工作经历年限问题，有人认为，《关于建立法官检察官逐级遴选制度的意见》对遴选人选在下级法院担任法官的年限和遴选职位的工作年限均有明确要求，应予坚持。法官法修订草案及二次审议稿都对法官逐级遴选设置了严格条件，既要符合担任法官的年限要求，还要具有遴选职位相应年限的工作经历。这种双重的严格限定，在实践中可能产生人选范围偏窄问题，不利于形成充分竞争的择优遴选法官机制。因此，适当放宽逐级遴选资格条件，只规定逐级遴选上级法院法官应担任下级法院法官一定年限，并具有遴选职位相关工作经历，而对于具体年限则不在立法中作出硬性要求。基于此，新法官法采用了原则表述的方式，规定“参加上级人民法院遴选的法官应当在下级人民法院担任法官一定年限，并具有遴选职位相关工作经历”，对上述两个方面都没有再作硬性年限规定，从而为下一步司法体制综合配套改革的顺利推进预留了更大的制度空间。

（七）全面加强了法官的职业保障

法官职业保障独立成章，是此次法官法修订的一个显著变化。法官的司法裁判行为是对争议涉及的权利义务进行分配的行为，关乎公民的人身、财产及自由。法官对案件的审理和裁决具有终局性和强制性，任何将权益纠纷移交法院裁决的组织和个人，都必须遵从法官的判决。根据权责利相统一的原则，法官作为定分止争的裁判者，必须通过司法责任制对其职业权力予以约束，也必须受到当事人的尊重和信赖，适当提高其政治、经济待遇，完善其职业和生活保障，能够确保法官立场更中立、心态更超脱、裁决更公正。同时由于特殊的职业属性，法官的养成需要漫长的过程，初任法官必须经过国家公务员考试和法律职业资格考试，具有相应的法律工作经历，并经过一定时间的职前培训；法官的履职行为受到严格职业伦理的限制，如法官离任两年内不得以律师身份担任诉讼代理人或辩护人，终身不得在原任职法院担任诉讼代理人或辩护人等。这种更为严格的职业约束，也要求建立与其他公务员不同的薪酬保障制度，既与法官承担的繁重工作和司法责任相适应，也有利于维护法官的职业尊荣感，强化法官的廉洁自律性和道德规范性。

一段时期以来，各地法官受到误解和无端指责的现象有所增多，法官被侮辱诽谤、威胁伤害甚至流血牺牲的事件也时有发生。党的十八届四中全会通过的《关于全面推进依法治国若干重大问题的决定》提出，要建立健全司法人员履行法定职责保护机制。2016 年 7 月，中央印发了《保护司法人员依法履行法定职责规定》，这是新中国成立以来发布的首个全面加强司法人员依法履职保障的纲领性文件，专门对司法人员的职业保障作出了全面规定，充分体现了党中央对司法人员的关怀和厚爱。正是在这样的背景下，此次法官法修订在第七部分独立成章，系统规定了法官职业保障的内容，明确不得要求法官从事超出法定职责范围的事务，设立法官权益保障委员会，依法保护法官合理权益，在法官享有的权利中增加规定“非因法定事由、非经法定程序，不被调离、免职、降职、辞退或者处分”。确立了干预法官办案的记录和报告制度，要求及时澄清对法官的不实举报、诬告陷害、侮辱诽谤。还规定人民法院、公安机关必要时应当对法官及其近亲属采取人身保护、禁止特定人员接触等必要保护措施。这些规定为保障法官依法履职、提高法官职业尊严、保护法官人身安全等提供了法律依据，也为下一步加强与公安机关沟通、建立保障法官人身安全工作机制奠定了基础。除此之外，第七章还规定了法官的工资福利、抚恤优待、退休养老等生活保障制度。

（八）加强了对法官的监督管理

司法责任制改革实施后，法官的权力更大了，根据权责利相统一的原则，进一步加强对法官履职的监督显得越加迫切，也受到社会各界的广泛关注。新法修订中也积极回应了这样的要求和呼声。一是在法官应当履行的义务中增加规定，对履行职责中知悉的商业秘密和个人隐私予以保密，并相应规定了违反规定的法律责任。二是建立了法官惩戒机制。中共中央办公厅、国务院办公厅印发的《保护司法人员依法履行法定职责规定》首次确立了非经法官检察官惩戒委员会审议，不受错案责任追究的原则。其后，“两高”印发的《关于建立法官、检察官惩戒制度的意见》，对法官惩戒委员会的人员组成、工作职责等提出了明确要求。新修订的法官法规定：最高人民法院和省一级设立法官惩戒委员会，负责从专业角度审查认定法官是否存在违反审判职责的行为，提出构成故意违反职责、存在重大过失、存在一般过失或者没有违反职责等审查意见。法官惩戒委员会的日常工作由相关法院的内设职能部门承担。还规定，当事法官有申请回避、进行陈述、举证辩解的权利，以及对审查意见提出异议的权利。为与国家监察体制改革相衔接，新修订法官法明确“法官惩戒委员会审议惩戒事项的具体程序，由最高人民法院商有关部门确定”。这为下一步建立健全法院审务督察机制改革预留了制度空间。三是任职回避的设置更为严格。新修订的法官法增加了父母是律师作为法官任职回避的情形，进一步扩大了法官适用任职回避的人员范围。四是为贯彻落实中央从严管理干部的精神，新修订法官法增加了法官不得兼任营利性组织职务的规定。同时又规定了一个例外，即法官可以在高等学校、科研院所兼职。习近平总书记在视察中国政法大学时强调要“打破高校和社会之间的体制壁垒，将实际工作部门的优质实践教学资源引进高校，加强法学教育、法学研究工作者和法治实际工作者之间的交流”。实践中，中央有关单位实施了高等学校与法律实务部门人才互聘“双千计划”，部分法院还与高等学校建立了战略合作研究项目，加强法学理论与司法实践的紧密结合。新修订法官法据此明确：“法官因工作需要，经单位选派或者批准，可以在高等学校、科研院所协助开展实践性教学、研究工作，并遵守国家有关规定。”

结　语

法官法是加强法官队伍管理、完善法官职业保障的基本依据。本轮法官法修订已经完成，但其所涉及的法官养成机制、法官惩戒机制、法官选任机制等还在进一步的改革探索中，在具体实施过程中还会面对诸多难题亟待破解。今后，我们要以此次法官法修改为契机，在深化司法体制综合配套改革中不断完善各项法官管理制度，努力锻造一支忠诚干净担当的高素质法官队伍，为新时代人民司法事业实现新发展提供更加坚强有力的组织人才保障。

修订后法官法的罅漏与弥补

傅郁林*

始于20世纪90年代的司法改革，持续推进诉讼程序改革，渐次推动审判机制改革，并局部触及体制改革，最终启动了法院人事改革。作为诉讼程序改革的依据、载体或/和成果，三大诉讼法经历两三次修订，重新调整了法院与其他诉讼主体之间的权力—权利配置关系，明显提升了当事人诉讼主体地位、诉讼程序的公开透明和审判方法的专业化；作为审判机制体制改革的成果，法院组织法经历了两次修改，特别是2018年修正案重新调整了法院内部的审判权限配置与组织关系，明显加重了独任庭或合议庭法官代表法院行使审判权的权限和责任；作为法院人事改革的重要成果，法官法在1995年颁布并经2001年第一次修正后，近来于2017年和2019年连续两次修订，对法官的权利义务和责任、法官的任职资格与任免、法官的考评与惩戒，以及法官的职业保障等重大事项进行了重要调整，从而在司法职业化方向上迈出了重要一步。总体观察，此次修订后的《中华人民共和国法官法》（以下简称新法官法），其逻辑结构趋于简洁合理，这意味着起草者对于法官法的内涵与功能的认识和定位趋于清晰；其实质内容强化了法官任职资格的专业化目标和遴选程序的公开公正性，并在一定程度上体现了法律行业的自治自律性，对法官的职业保障也从履职、薪酬、安全、奖励与福利及惩戒程序与申诉权保障等多方面作出了现实容许范围内的最大调整。

然而，法官法在自身角色定位上更像是法官守则与管理考评规范，关于法官的权利和职业保障的规范，与法官的职责、义务、管理、考评和惩戒规范相

* 作者单位：北京大学法学院。

比，无论是在文本结构、文字表达或实质分量上都是明显不匹配的。更为要害的是，法官法承接并加剧了法院组织法余留的缺陷。一方面，本应由法院组织法规定的法官职责却将由法官法来规定；另一方面，法院组织法将助理审判员修改为助理法官并完全取消其审判权，因此助理法官被改名为法官助理之后不再属于法官，作为司法职业保障法的法官法则一脉相承地对法官进行了狭隘定义从而使之仅适用于员额法官，将法官助理作为"边角余料"归入"附则"，仅用一句话就打发掉了，甚至也没有为法官助理"打入另册"预留任何余地——比如规定"法官助理由……另行规定"。如此立法罅漏不仅直接导致了法官助理的消失和助理法官的迷失，而且也形成了员额法官的全职全责模式，在"案多人少"的现实中和法官职业保障与责任风险不匹配的业态下，特别是在中国特定的法官考评机制下，产生"审者不判，判者不审"的审判机制新格局。焦虑于此，笔者顾不上对新法官法的诸多亮点一一点评，也相信会有更多人擅长和致力于此，故本文将侧重于析其罅漏，致力于探求弥补，希望引起法学界同行和社会各界对此问题应有的关切和回应。

一、法官法在我国法律体系中的角色

在我国部门法学分类和法理学中，法官法并无明确的归属，加之法官法文本颁布后也多年处于冷冻状态，因此相关研究也很零碎。甚至本次法官法修改说明竟然是由最高人民法院的首席大法官而不是由立法机构代表作出的，这在中国立法史上即使不是绝无仅有也是极其罕见。这一方面可能为法官法归入"行业规范"或"职业保障法"加上了一个重要注脚，另一方面也将中国司法职业保障尚未成为政治话题或公共话题的尴尬局面昭示无遗。在此背景下，笔者受邀对新法官法进行解读时，界定或解释法官法在我国法律体系中的角色所据法理聊胜于无，谨以有限的资料提出自己有限的见解。

首先，法官法应当是一部司法职业保障法。尽管由于法官被赋予了代表法院乃至国家行使审判权的职责，因而法官职业与其他职业之间有明显差异，然而在法律体系中，法官行使审判权的相关规范已经明确地由其他法律承担了：宪法规定了审判权由人民法院行使，由此定义了代表国家行使审判权的主体即人民法院在国家权力结构中的角色地位；法院组织法规定了法院（内部）组织结构和审判权运行方式，由此定义了法官在法院组织结构中的特定角色地位以及与此角色定位相关的职责和职权；诉讼法规定了作为诉讼主体的法院与当事人之间在诉讼程序中形成的权利义务关系，此时法官只是隐身于代表法院行使审判权的审判组织（独任制或合议庭），法官的任何行为或权利义务都不是其个人行为或权利义务，而是代表法院、代表国家审判机关的职务行为。那么，法官作为司法职业者，在个体意义上，又如何进入并参与运行这个如此高度组织化的审判权力体系？需要具备哪些资格、需要符合怎样的行为规范，才能满足这一特殊职业的要求？又需要获得怎样的职业评价和职业保障，才能支持这一重要职业的人才需求和持续发展？……这些直接调整法官个人作为司法职业者的职业资格、职业伦理、职业考评、职业保障等法律规范，就要由法官法担当了。

新法官法的结构调整使其作为一部法官职业规范法的特征更加鲜明。正如所有其他职业保障法一样，法官法的重心应当是职业准入规范和职业保障规范，同时也包括职业伦理规范。但与其他职业规范不同的是，法官的职业行为即审判行为，其履职行为必须“依法独立行使审判权”，符合“以事实为依据，以法律为准绳”的原则。因此，法官的职业行为规范和评价规范主要是法官的履职行为所依赖的法律规范，也就是审判行为所依据的程序法和实体法；与此相应，评价和考核法官职业行为的标准也同样应该是有据可查、有例可循的现行法律规范，而不是由最高人民法院甚或各级法院任意自行发布的各种额外审判管理规范或绩效考核标准。强调这一点，有助于避免误读司法责任制而对其中“责任”一词的望文生义，从而将法官法的立意本末倒置。

法官法将法官的职责和义务置于权利之前，有可能进一步强化上述效果。不过，法官的职责是一种代表行为，任何法官的职责行为都是代表其所在的人民法院所代表的国家审判机关行使审判权的行为，不仅在性质上和法律效果上不是法官的个人行为，而且其职责的履行是在整个法院组织结构体系中定位和履行的，比如，一位法官在独任制中的职责与其作为合议庭中的审判长时的职责以及作为审判委员会成员的职责是迥然不同的。由于法官的职责不是法官个人的职责，而是法官在特定审判组织结构中的职责，因此法官法规定的法官职责一方面与法院组织法的内容发生部分重复，另一方面又不能穷尽法官在不同组织结构中的职责和赖以产生的特定权限结构以及相关主体的权限职责配置关系。即使法院组织法明确规定，“法官的职责、管理和保障，依照《中华人民共和国法官法》的规定”，但这最多能解决内容重复的问题，却不能解决法官职责的特定语境和权限配套的问题。将法官的职责规定在法官法中，脱离了法官职责的体制机制语境，也混淆了法官个人行为与法官职务行为的界限，这将直接影响到法官职责的界定、履行机制、行为评价、后果救济等一系列规范的解读和体制机制的建立。

进而言之，法官法与诉讼法的关系虽有交叉，但调整范围却相对清晰。法官法的一个重要内容是法官的职业行为伦理规范，但值得注意的是，违反法官职业伦理规范可能产生诉讼法上的后果。职业行为伦理规范与审判行为规范在性质和范围上存在很大差异。就调整范围而言，法官职业伦理规范不仅调整法官的审判行为伦理（如本案回避），而且涵盖与审判相关的职业伦理（如任职回避），甚至延伸到个人伦理（如参与歧视性团体）。在行为性质和评价标准上，虽然严重违反法官职业伦理的行为也可产生诉讼法上的效果和救济，但违反职业伦理的行为在性质上和评价标准上独立于审判行为而存在，比如受贿作为一种严重违反司法职业伦理的行为，并不必伴随着审判行为本身违反实体法或程序法规范或者导致裁判错误，但却可以单独成为诉讼法上的再审事由，从而导致审判行为（生效裁判）被撤销和重启审判程序（再审审判程序）的救济。此时评价法官行为的标准并非审判行为规范，而是法官法所规定的职业伦理规范，因为受贿行为本身并不是行使审判权的行为，而是以审判权为背景、发生在审判过程中的伦理瑕疵行为。这种情形如果一定要从诉讼行为理论的维度来解释，或许可以认为是一种法律推定——受贿行为会大概率地导致审判行为（含结果）的违法或/和偏私——“吃了人家的嘴软，拿了人家的手短”，但鉴于审判行为与受贿行为之间的关联性很难证明，故法律直接将存在受贿行为推定为存在徇私舞弊枉法裁判行为。各类程序法关于撤销生效裁判事由的表述“审判人员审理该案件时有贪污受贿，徇私舞弊，枉法裁判行为的”，也总是将这几种行为模糊地混在一起，似乎支持这种解释。不过，即使行为人能够推翻前述推定，用明白无误的事实和证据表明其审判行为或裁判本身并不违法、错误或失当，与受贿行为亦无关联（比如“拿钱不办事”），也不影响单独以其在审理该案件时有受贿行为作为再审事由，此时这种诉讼行为理论维度的解释就很难成立了。无论如何，针对审判过程中发生的违反职业伦理的行为，诉讼法予以撤销和救济的，是该受贿行为主体的审判行为（即裁判结果），而不是该受贿行为本身，同时该行为主体亦无法依据诉讼法而受到惩戒。因此职业伦理行为属于法官法的调整范畴，法官职业行为伦理规范构成该行为的评价标准和惩戒违反者的法律依据。

如果一定为组织法和法官法的这种立法结构进行辩解，那么一种可能合乎逻辑的解释是，法官法所定义和保障的法官权利和义务都植根于法官职业的特殊性——法官肩负着其他职业所没有的特殊职责和义务，因此法官也应当享有区别于其他职业者的特殊权利，这是法官法规定法官享有某些特殊职业保障的正当性根据，也是法官职业伦理与职业保障乃至职业管理和考评等一系列规范的基础和出发点。果如此，那么逻辑一致的结果应该是，法官也应该享有与履行其职责相适应并且与其承担的义务相对等的特殊权利和特殊职业保障，但这种适应性和对等性在新法官法中仍未得到充分体现。例如，我国法官法所规定的任职回避比一些法治发达国家都要苛刻。根据第二十四条规定，法官的近亲属（配偶、父母、子女）有下列情形之一的，法官应当实行任职回避：一是担任该法官所任职人民法院辖区内律师事务所的合伙人或者设立人的；二是在该法官所任职人民法院辖区内以律师身份担任诉讼代理人、辩护人，或者为诉讼案件当事人提供其他有偿法律服务的。这意味着，一位高级法院的法官，其任何近亲属不仅不能在其任职的法院担任律师，而且不能在该省范围内任何下级法院担任律师，其结果，要么该法官舍家弃子远走他乡，要么所有近亲属必须为这一位法官放弃律师职业。这一义务是法官作为司法职业者特有的义务，而且是法官的所有近亲属为这一特殊职业作出的牺牲，那么，国家要给予法官怎样的特权和特殊职业保障，才能对等地补偿这样的牺牲和代价？当代法官能否像中国古代异地任职的官员那样，一人官饷养活全家？并且法官在子女入学、住房保障等方面享有特权和优待？尽管可以理解法官法为杜绝人情案、关系案的决绝态度，但矫枉过正可能产生的效果并非壮士断腕，而是人才断流。姑且不论写入法律文本的法官权利和职业保障能否落实，即使在法律文本上，关于法官的权利和职业保障的规范，与法官的职责、义务、管理、考评和惩戒规范，也是不匹配的。

总体而言，1990 年以来的司法改革分为诉讼程序改革、审判机制改革和司法体制改革三个维度，并且大致顺次推进，但时有交叉并相互促进（也可能相互掣肘）。诉讼程序改革的任务是调整法院与当事人之间的关系和相对角色，解决“谁是诉讼程序的主体”的问题，从而逐步确立当事人作为诉讼主体（而不是审判客体）的地位，这一任务主要是由三大诉讼法的几次修订来承担的。审判机制改革的任务是调整法院内部关系亦即法官与法院各级领导之间的关系和角色，解决“谁代表法院行使审判权”的问题，目标是将裁判权交给公开参与和直接指挥诉讼程序的法官（而不是站在法官背后的法院领导），这一任务主要是由法院组织法的修改来承担的。司法体制改革的任务是调整法院在国家权力结构中的角色和地位，目前仅仅涉及法院与地方党政机关的关系，同时司法机关与中央行政机关的关系也略有触及，这一任务必须由宪法和组织法同时承担。目前法院组织法主要对法院的系统架构进行了微调，更主要是调整了属于审判机制改革内容的组织结构和相应人员结构。以此为背景，法官法除了在2017年根据司法考试改革而与整个法律职业资格调整一起修改了法官职业资格之外，重大修改都是在人民法院组织法修正案颁布之后才完成的，因此解读新法官法，必须结合新法院组织法，进而应当根据整个司法改革的框架和节奏，进行体系化的解读。法院组织法推进以“让审理者裁判，由裁判者负责”为核心目标的司法责任制，导致了对司法专业化和职业化更高强度的依赖，并由此导致法官更大的职业责任和职业风险，因此修订法官法的初衷，是通过更科学更专业的法官选任机制和职业保障机制，推进法官正规化、专业化、职业化建设，以保障法官依法履行职责，从而保障法院依法独立行使审判权。

本次法官法和法院组织法修正案的共同亮点是，在法官的任职资格方面推进了司法专业化，在法官职业保障方面有助于强化法官的独立性，特别是规定法院院长须首先满足法官资格，改变了长期受人诟病的外行领导内行的状态；规定法官薪酬定期增长，有助于法官专心于审判工作和恪守独立人格，而无需为了搏出位而花样翻新或为了晋升竞争而不得不照顾领导、同事的人情关系。但同时法官法在管理体制和考核奖惩方面花费了更多心力和笔墨。不过，法官选任机制和职业保障机制才是司法职业特征和审判管理的根本——“好法官是选出来的，不是管出来的”。从人性来看，“管”只能进行底线管理，而考核方法很难超越指标量化，所以任何纪律规范都只能以制恶为目标、以底线为标准、实行减分模式，而无法通过考核机制来发现和奖励那些基于信仰和良知从事的无法量化甚至难以外化的向善向上行为。但法官职业恰恰是严重依赖于职业者个人良知、经验、直觉和智识进行独立判断的高度自尊自律的职业。法官不像市场推销员那样不必对产品质量本身负责，因而量化考核不够科学，而且法官作为矫正正义乃至分配正义的操盘手，客户评价和反馈系统也未必公正。所以，尽管法官法规定了法官从入职门槛到管理机制再到考核奖惩及保障体系的完整规范体系，但这部法官法宗旨的真正实现，其要害和核心是：“选对的人，做对的事”——给最适当的人以最好的保障，让法律职业者为了这份值得保护的职业，自己选择去做最对的事。否则，如果一个职业本身没有吸引力，或者交给不能信任的人充任，那么无论怎样的管理体制也只能捉住错误的手，而不能产生高尚的心。而司法正义，恰恰是必须依赖于高尚才能真正实现的。

二、在司法职业化目标下迷失的法官助理

本文只限于讨论基于法院职能意义上的司法，而不考虑在我国司法机关包括法院和检察院这一特殊定义，故本文所讨论的司法职业和司法职业者的概念也是以此司法概念限定为前提的。从我国宪法意义上看，本文应当使用“审判机关”“审判职业”和“审判职业者”这一组概念，但本文选择使用“司法职业化”，而不是“审判职业化”的概念，是因为从我国诉讼法意义上看，审判有多层次含义——最狭义的审判仅指针对实体争议进行的裁判，进而可涵盖针对争议的调解和针对非争议事项的决定，再进一步可向后拓展到包括诉外途径的司法审查与强制执行在内，甚至还可以再向前延伸到既非审判亦非审查且毋须行使宪法意义上审判权的法院附带功能，如诉前调解和咨询服务等。毋庸置疑，即使在本文所使用的概念体系中，司法职业者并非仅指法官，因而司法职业化亦非仅指法官的职业化，而是整个司法职业体系基于法院职能形成的各类司法职业者在法定职责和权限内独立负责又分工协作的职业系统。笔者将在比较法视角下，结合我国法院组织法的最新规定，诠释这一命题。

根据我国法院组织法规定，“人民法院的审判人员由院长、副院长、审判委员会委员和审判员等人员组成”（第四十条）。“人民法院的法官、审判辅助人员和司法行政人员实行分类管理”（第四十五条）。对比这两个法条，第四十条所称的“审判人员”究竟是仅包括第四十条中的“法官”，还是包括其中的法官和（某些）审判辅助人员？法官助理是否可解释为除该条列举的审判人员之外的“等人员”？这一问题的答案，将决定审判辅助人员可否作为区别于法官的审判人员而行使有限的审判权。但这两个法律条款本身并未直接给出答案。另据第四十八条规定，“人民法院的法官助理在法官指导下负责审查案件材料、草拟法律文书等审判辅助事务。符合法官任职条件的法官助理，经遴选后可以按照法官任免程序任命为法官。”对这一规定可作如下解读：其一，法官助理是人民法院的法官助理，是人民法院中具有特定职位、特定职责的公

职人员，而不是美国 law clerk 那样“法官的助理”——法官个人（雇佣）的助理；其二，法官助理的职责是由法律规定的，包括负责审查案件材料、草拟法律文书等审判辅助事务，尽管履行这些职责应当在法官指导下进行；其三，法官助理是后备的法官候选人，符合法官任职条件者经遴选并通过法官任命程序可成法官。据此可进一步逻辑地定位法官助理的法定角色：其一，法官助理虽然不是法官，却也是审判专业人员，否则，何以担当草拟法律文书这样核心的审判事务？又何以可能符合法官任职条件——如果是个人能力问题，那么法律规定同样负责审判辅助事务的书记员（第四十九条）为何不享有如此法定机会？其二，法官助理的职责是由法律明确规定的，而不是法官任意指派的，法官助理也不能超越其自身的法定职责，甚至代行法官的职责；其三，法律明确规定了法官助理相对独立的职责，因此法官助理为履行其法定职责，也合乎逻辑地需要法律明确规定其相应权限和权利保障，以及其权力行使方式和相应责任，而不是“在法官指导下”这么模糊和笼统。

但无论如何，人民法院组织法除了规定法官的审判权限与职责之外，也有限地赋予了法官助理有限的审判职责。基于这些审判职责和相应审判权限对于法官助理的专业水准和行为伦理的严重依赖，法官助理的职业化建设也构成司法职业化建设的重要组成部分。然而，限于“法官”概念的狭窄定义，法官法却将如此重要的诉讼程序参与者，乃至分享了部分审判权的司法职业者，排除在法律的调整范围之外。而且，“法官助理法”或“审判辅助人员法”尚未真正进入立法者的视野，因此法官助理的行为规范和职业保障还将长期处于真空状态。这种状况对于司法职业和司法体系造成的深远损害，笔者已另文进行过深度分析。在此进一步对比世界主要国家的司法职业法规范立法例来说明，“法官”的定义并非仅限于员额法官而不可突破，“审判权”的概念从来也不是打包配置而不可分解。特别是当法律已明确将法官承担的审判职责部分交付法官助理分担，那么法官助理履行这些职责所需的权限、行为规范和责任亦应同步分享，否则就会出现目前这种无序状态。

各国及地区法官法的调整范围，以及各国及地区采取怎样的立法模式来调整非员额法官或其他司法辅助人员，取决于各国及地区对法官概念的使用和定义。一种立法模式是将法官进行宽泛定义，将法官法适用于各类非员额法官，并通过在“法官”前面加各种定义加以区分。比如，美国联邦法官行为准则规定，“任何有权行使司法职能的联邦司法系统官员都是准则的意义上的法官”，并专门对非全职法官、临时法官、非退休法官作出了有别于“员额法官”的特别规定；不过，美国也同时专门针对在法官指导下行使部分裁判权的司法辅助人员 Magistrate（译为审裁官或治安法官）制定了审裁官法。加拿大法官法中规定了员额外法官和资深法官。第二种模式是针对法官法和司法辅助人员分别立法。比如德国的法官法与法务官法分别适用于法官和法务官——法务官的司法职责和法权限在类型上有似于我国的法官助理，但享有很大的权限和独立性。俄罗斯分别针对法官和治安法官颁布了法官地位法和治安法官法。日本的法院职员定员法规定的下级法院的法官包括高等法院长官、判事、判事补、候补判事、简易法院判事，也规定了判事以外的法院职员（不含执行官、临时职员、短期雇佣人员及退休人员）人数；同时，分别针对法官规定了法官资格法、法官弹劾法之外，也专门针对作为司法辅助人员的书记官制定了书记官法。第三种模式是将法官和司法辅助人员均作为司法官统一规定在同一部法律之中，比如法国司法官地位条例中有关于临时借调暂时履职的司法官、社区法官的专章规定。我国澳门特别行政区司法官通则中规定了法官和司法文员规则。韩国是在法院组织法中对法官和各类司法辅助人员进行了规定，但尚未看到韩国专门制定法官法。巴西则是在法官组织法中特别规定了法官任职保障和法官特权、收入利益和权利以及司法纪律和法官伦理规范，尚未看到专门就司法辅助人员的职业保障进行的立法，但亦未看到专门规定司法辅助人员职责的规范。总之，尚未见到我国这样只规定司法辅助人员的职责，不规定其权限和权力行使方式，更不规定其权利和职业保障的立法模式。

目前弥补这一罅漏的方式，是尽早制定法官助理法，与法院组织法第四十八条规定进行衔接，特别是考虑到法官助理是在法院组织法取消了助理法官（助理审判员），从而改变了审判人员的定义和范围这一特定背景下产生的新角色，因此明确规定法官助理的职责、权限、责任与相应的权利和保障已刻不容缓。对最低限度，最高人民法院可先通过解释法院组织法第四十八条，尽早明确法官助理履行职责的具体方式和权限—责任边界（通过解释“在法官指导下”），法官助理相对独立于法官的职责、权限和责任（通过解释“……‘等’审判辅助事务”），法官助理在晋升通道中遴选环节的标准和程序（通过解释“经遴选”——因为该条中“符合法官任职条件”和“按照法官任免程序”可以直接适用法官任命的相应规定），以及法官助理的职业伦理规范（与审判行为相关的伦理规范可参照法官法相应规定）和职业保障（明显区别于法官但基于审判行为产生的职业性权益与风险防控应当有明确保障)。

三、以案件分流与审判权分解和分层配置为原理的员额法官一法官助理

笔者专门论证过审判对象的多元和多层次对于建构多元多层次司法救济体系的决定性，并另文讨论过，在一个合理配置司法资源的多元多层次司法救济体系中，审判对象的多元多层次对于审判主体审判权进行分解分层配置的决定性。基于恪守学术规范、避免自我重复的考虑，本文只能简要地阐释法官一法官助理之间关系逻辑，除了遵循一般意义上的劳动分工和人力资源管理理论之外，更为重要的是必须符合审判权配置的原理，而审判权的配置则要符合审判权行使的对象、目的和功能。比如，当审判客体（案件或事项）本身呈多元多层次的样态时，针对不同类型的案件和事项提供与之相适应的不同的救济和程序，无论是基于便利当事人接近司法的私益考量，还是基于合理利用有限司法资源的公益考量，都是具有正当性和合理性的。而根据不同案件类型、具体事项和程序环节在复杂性、专业性、特殊性等不同维度上的差异，相应配置具有不同专业水平、行业经验、特定能力的审判主体，并赋予处理不同事项的审判者以不同的权限，不是顺理成章吗？这种由一定资质的法律专业人员根据法律的授权和法律规定的程序，在法定职能和权限范围内代表法院处理特定类型案件或事项的权限，为何不可以是审判权？产生这种疑虑的原因，缘于中国司法界和法学界长期缺乏案件分流、职能分层、程序分类和人事分工的制度安排及其逻辑关联的理论思考，以及由此形成的关于审判、审判权、审判人员的单一概念和僵化模式。因此，当“案多人少”现实压力迫使程序改革不得不实行案件分流、人事改革不得不实行人员分类时，这一套关于审判和审判权概念的僵化定义便成为理论障碍。

依据我国传统理论，审判权不仅必须由全权法官行使，也不可分解或分享，但在传统制度中，法官的审判权可以由助理审判员代理行使（审判权不可分享却可以代行)，因此在很大程度上掩盖了这一传统概念引起的人员分类与案件分流之间的紧张关系（当然也导致了其他问题，包括法官和助理法官都必须各自处理案件全程，以及更严重的代行审判权的合法性与正当性问题)，从而也延缓了反思我国关于审判、审判权的概念及其配置和行使的基本理论问题的现实紧迫性。但始于2013年的本轮司法改革和作为其成果的法院

组织法重新定义了审判人员，不仅将助理法官（助理审判员）在概念上修改为法官助理，而且彻底取消了由法官助理行使审判权的可能性，从而将审判权更加单一、完整地赋予了员额法官即全权法官，从而在客观上将法官置于全职、全能、全权、全责的状态，因为无论审判辅助人员分担了法官多少事务或职责，法定的权限和责任仍然全部系于法官一身。其结果是导致两种倾向，要么法官迫于最终责任和风险，不敢放手，依然亲力亲为，这在改革后法官更少而案件更多的情况下不可持续；要么法官利用指导权，将全部事务甩手交给只有职责而没有权限、没有独立性或职业保障的法官助理。然而，如果因此认为笔者主张回到过去，那绝对是一种误解，因为无论是过去由助理法官独立地代行法官的审判权，还是当下由法官助理完全丧失审判权而必须依附于法官指导履行部分审判职责，其逻辑基础都是完全相同的，即审判权只能赋予全权法官，并且任何案件、任何事项的审判权都只能完整地赋予被称为“法官”（或审判员）的审判人员。因此，在改革前，当助理法官行使只能赋予法官的审判权时，助理法官行使审判权的行为只是代理行为，其本身并非法定意义上的审判权主体；在改革后，当法官助理履行法定职责时却不能获得相应权限，因为所有审判权都只能赋予被称为“法官”的审判人员。

然而，正如前述多国及地区立法例所示，“法官”的称谓可以附加多种定语而有多种类型和层次，不同称谓的法官可以针对不同案件或事项行使不同程度的审判权；而且那些连附加定语的法官称谓都不曾拥有的审判辅助人员也可以针对不同案件或事项行使不同程度的审判权。这些被附加定语的法官或不被称为法官的审判辅助人员行使的这些审判权限，也许在其本国制度中并没有被贴上“审判权”的标签，但在我国制度中却一直是被定义为审判权并且是由全权法官独享的权力，因此按照功能主义比较法方法，无论从法官的定义上还是从权限定义上都应归入中国概念下的审判权范畴。比如在德国，占基层法院案件量80%的支付令和假执行命令是书记官作出的，而且有权独立决定诉讼费用争议，有权不须法官指示作出附条件执行文书并可代替法官就债权和其他财产权的执行进行裁判；德国的司法辅助官（又译为法务官）包揽了非讼事件程序，更是在宪法上取得了独立地位。在日本，举足轻重的书记官不仅分担了法官的事务性和程序性权限，比如承担过去由法官主宰的事实与争点整理等诉讼运行程序，而且在一些需要实体判断的事项（如条件成就执行文和继承执行文中对条件是否成就及继承是否发生这种实体判断）上，也由原来需要法官同意改为由书记官直接判断，书记员还在扣押登记委托、执行程序的各种公告、催告及通知以及保全和不动产登记等事项上，享有以自己的名义独立实施的权限，其中一部分权限在传统上是由法官独享或由书记官在法官指导下行使的，但逐步由法律规定转为书记官独立行使的固有权力。值得再次强调的是，德日的司法辅助官并非简单地分担了审判事务，更是分享了部分审判权限。审判辅助人员在法律规定的权限范围内独立地、以自己的名义行使权力，并且与法官在权限上存在着清晰的界限。比如，日本法官在那些依法向审判辅助官发出指令的事项上，也必须符合法定条件并遵循法定程序，而德国法官则几乎不可能与司法辅助官形成权限交集。这样的独立性既有利于审判辅助人员充分发挥自己的主动性，又有效地避免了法官与审判辅助人员之间职责不清、工作不均衡的危险。

普通法系的司法辅助人员形态更为复杂。那些作为解决基层纠纷主力的治安法官通常不被计入正式司法体系，因此就轻罪、小额案件享有完全独立于法官的审判权；而且正式司法体系中也有相当可观的司法辅助人员，就大量审判事务享有相对独立的决定权，比如英国的主事官和美国的审裁官有权就证据开示争议及其他审前事项作出裁定、签发监督令状、对诉讼费用收取和利息计算及年金估价等诉讼事项中享有独立决定权，而由于普通法系国家采取集中审理模式，审前程序事项、实体准备和案件分流功能占据了初审案件的主要部分，因此这些司法辅助官员权力相当大。在侧重于法律问题审查并以书面审为主的美国上诉法院，不仅法官有自己雇佣的法官助理（这是我国当下法官助理的样本），而且有些联邦上诉法院还有作为法院雇员（而非法官雇员）的幕僚律师，对必须由法官审理的上诉案件进行甄别并独立处理筛选下来的简易案件，起草约占上诉案件70%的“不发表判决”。

总体来看，全权法官以外的各类限权法官，包括附加定语的“法官”和没有贴上“法官”标签的审判辅助人员，权限范围一直呈扩大趋势。甚至有观点认为，除了需要高度法律判断且能产生确定效力或既判力的权限必须由法官行使之外，其他均可由审判辅助人员行使。因此，重新定义审判权和专属于全权法官行使的审判权，就成为不可回避的理论课题，特别是在我国这样既缺乏普通法体系那样悠久的治安法官传统，又缺乏德日这样的法官与法务官（属于公务员）之间逐步分权循序实践的经验，而且司法实践在案件分流和程序分类方面的尝试也只是近十几年的局部、无序的实践，因此，在我国探讨审判权的分层、分解，及其与案件分流、程序分类之间的逻辑关联，并且在最终与法官和审判辅助人员的分工、分权构成一个逻辑自洽的制度体系，更是一个严峻的实践难题。但世界上并没有统一的权限配置模式，比较法研究最多可能提供一种审判权分解和分层配置的思路，各国都只能根据本国的现实需求和资源状况，确立自己的价值目标。而理论的贡献在于，将这种预期的价值目标按照必须遵循的基本原理对制度逻辑进行考量，比如权限与职责一致、义务与权利对等、责任与保障同步、风险与救济匹配等。

至于如何建构中国审判权的分解理论和分层配置机制，可以探讨的空间相当宽裕：（1）最狭义的审判仅指针对实体争议进行的终局性裁判，这是审判的内核，也是享有法官名义的审判人员不可分享的专属权限。（2）根据我国现行诉讼法的定义，审判权进一步则可涵盖针对实体争议的调解——法院调解也是行使审判权，但并不一定要由法官行使。（3）根据我国针对非争议事项的定义和非讼程序的规定，这些案件的审判权可以由法官助理独立行使或依法律规定的程序在法官指导下行使。（4）强制执行和诉外途径司法衔接机制中夹杂着实体裁判权、程序裁判权、形式审查权和行政实施权，除实体性裁判事项之外，其他事项均可进行分理并按照其对于法律判断的依赖程度，由法律区分事项的不同类别相应划定法官助理与全权法官的权限边界。（5）那些既非审判亦非审查，且毋须行使宪法、组织法意义上审判权的法院附带功能，如诉前调解和咨询服务等，法律完全可以交付法官助理甚至书记员独立行使。（6）最后但最重要的是，鉴于中国没有治安法院或治安法官，基层法院实际上管辖了许多国家分别是小额法庭、基层法院和中级法院三级司法机构管辖的案件，因此，仅从案件类型和具体事项上对审判权进行分层配置，远远不能匹配法官员额制改革之后基层司法建立的案件分流机制及其对小额案件独立裁判权的需求，因此就基层小额案件的审判，应当赋予法官助理以前述第（1）层次含义上的核心审判权，亦即针对实体争议的独立裁判权。此外，家事审判程序中夹杂着争议与非争议、对抗与非对抗、诉讼与非讼、裁判与调解、审判与执行、司法内活动与司法外活动等各类事项的交叉或混合，针对不同事项和情形可能需要配置不同层次的审判权和审判资源，因此无法简单地适用前述6种关于法官与法官助理权限的分层配置方法。这一复杂话题需要在家事审判机制和理论中，进一步深入细致地探讨。

[司法实务问题研究]

继承与变革：繁简分流立识二合一模型之建构

——基层法院民商事案件繁简识别的思维路径

周　虹　任　宁　孙嘉遥　王　策*

论文提要： 近年来法院受理案件数量大幅上涨，促进资源优化配置，提升司法服务效率的繁简分流改革应势而生。繁简分流改革以来，虽然多地法院成立了速裁组（简案审判团队）推进“简出效率，繁出精品”，取得了一定的经验，但在实践中陷入了繁简识别的司法困局，主要有繁简案件识别标准不明，争议焦点难以直观呈现，传统以人分案亟待革故鼎新等瓶颈。针对繁简识别的探索样态，本文对电子识别，立案、审前、审判分层识别，立识审三合一三种创新尝试进行阐述。而后提出繁简识别的设计应就分案员的用户体验、法官的能级对应、案件的情形各异、人工和智能识别的普适性进行考量。最后部分创设了立识二合一繁简分流识别模型，通过决策树算法和清单化管理的应用，实现审判经验识别到可视化模型的构建，比较分析了繁简识别错误的救济路径。

推进案件繁简分流，是破解法院人案矛盾的关键抓手，是优质高效化解社会矛盾、满足群众多元司法需求的重要路径。2016 年 9 月，最高人民法院印发《关于进一步推进案件繁简分流优化司法资源配置的若干意见》（以下简称

* 作者单位：浙江省温州市瓯海区人民法院。

《意见》），2017 年 5 月印发《关于民商事案件繁简分流和调解速裁操作规程（试行）》（以下简称《操作规程》），指导各级人民法院优化司法资源配置，推进案件繁简分流机制改革，依法快速审理简单案件，严格规范审理复杂案件，提升司法公信力。要充分发挥多层次诉讼制度体系的整体效能，关键就是在源头编织起科学的繁简识别网络，尽力在立案阶段即用较小的司法成本实现更精确的繁简识别，同时借助信息科技的应用，增强案件繁简分流机制改革的系统集成。

一、司法困局：基层法院民商事案件分案繁简分流识别的现实瓶颈

（一）繁简案件识别标准不明

为进一步深化司法改革、有效化解案多人少的矛盾，《意见》第二条规定："推进立案环节案件的甄别分流。"然而，如何在立案环节对类型多样、数量巨大的案件进行分门别类，繁简识别，还缺乏相对客观的标准，主要有以下两个原因：一是简单案件的理解差异。各级法院对于简单案件的外延，缺乏具体、明确的界定。很多法院照搬民诉法关于简易程序"事实清楚、权利义务关系明确、争议不大"的认定标准以及小额诉讼的适用条件作为简单案件的识别规则；有的法院通过人工流水式的主观判断进行繁简分流。这些做法有其合理之处，但又不够科学。二是识别标准的地域差异。在识别的标准上，同一类纠纷对不同法院而言难易程度是不同的，比如互联网买卖合同纠纷，对于杭州这样已经形成统一裁判规则和具备丰富审理经验的法院基本上是简案，对于接触这类案件较少的偏远地区可能就是繁案。因此，现阶段很难设计一套适合所有法院的识别标准。《意见》亦就繁简分流作出了因地制宜的规定："地方各级人民法院根据法律规定，科学制定简单案件与复杂案件的区分标准和分流规则。"

（二）争议焦点难以直观呈现

1. 立案阶段，原告单方对案件事实的陈述经常重点不明。当事人基于胜诉期待，总会尽可能多地提出自认为有利的主张或证据。① 有些当事人对原本事实清楚，相对简单的案件开展了排山倒海的论述，把握不到案件的重点，执着于与案件无关的来龙去脉，有些陈述甚至脱离了诉讼请求；有些当事人对复

① 刘星：《契约司法：一种可能的基层审判制度塑造》，载《法学家》2016 年第 3 期。

杂的案件却只有寥寥数语，对其主张未作充分的论述，甚至忽略了关键的事实和证据。

2. 识别阶段，分案员对争点整理的范围容易把握不准。在审前阶段，分案员需要把握的主要是事实争点。分案员需要对当事人的论述和提供的材料进行提炼，遵循“要件因素——影响因素”原则，将争点整理限缩在与诉讼相关的要件事实和相关的间接事实、辅助事实、背景事实等，而不应深入到与要件事实无关的细枝末节中。① 然而，在争点整理的实际运用中，每个案由可能涉及的诉讼请求，分案员对相应的构成要件以及影响案件的构成要素并没有相对清晰的逻辑线可以参照，导致识别过程较为粗放，识别结果准确率不高。例如，在遗嘱继承案件中，继承人举证了多份遗嘱，就各自应继承的份额、经济能力、曾经对被继承人的赡养情况、没有多占遗产的意图等方面都有较大争议，分案员很容易因为争议焦点多将这类案件归于繁案。而事实上，在有遗嘱的情况下，争议焦点为多份遗嘱的效力问题，在审理阶段法官只要判断符合法定形式要件的遗嘱的日期先后问题即可，完全可以归于简案。

（三）传统人工分案亟待革故鼎新

为推进繁简分流，提高审判效率，全国很多法院都成立了速裁组（简案审判团队）助推简案快审，而在繁简案件的识别上基本采用的是人工识别，主要方式有立案人员直接分案和速裁组前端自行选案，在案件数量大幅上升的背景下弊端日益凸显：一是分流效果受制于分拣员的业务能力和责任担当，然而真正理论功底扎实、实践经验丰富的资深法官在法院是稀缺资源，专职繁简识别这样的程序性事务未免大材小用；二是以人分案效率较低，增加了案件的流转环节，造成程序的空转和审判时效的迟滞；三是繁简识别缺乏客观标准，主观化判断分类的准确性不容乐观，而有些法院设置三七或二八的刚性繁简比例又忽视了案件的客观性，如果大量的繁案进入简案序列，将拖延速裁组的流转进程，而若大量的简案没有被筛出，则快审效率得不到充分发挥；四是在繁简识别标准不明的情况下，无法通过案件的难度系数量化法官的工作量，简案法官和繁案法官的业绩难以考量。

① 参见王旭、孙正君：《重塑工匠精神：争点整理技术改进与制度完善》，载《深化司法改革与行政审判实践研究》，人民法院出版社 2017 年版，第 525 页。

二、选择维度：分案繁简分流甄别模式比较

面对人工分案愈发力不从心的现状，上海、深圳法院作出了繁简分流电子识别的创新尝试；江苏省宿迁市中级人民法院课题组设计了立案、审前、审判分层识别的漏斗式模型；学者王星光绘就了立识审三合一的操作画像。笔者将对三种识别模式分别予以阐述。

（一）电子识别模式

电子识别模式是指，法院事先对繁案和简案的特征进行设置，并开发相对应的电子系统。[①] 其特点有：（1）利用信息化技术，根据“要素”自动识别。（2）识别效率远远高于人工识别，适合案件量大的基层法院。（3）识别的准确率不尽如人意，实质与形式脱节的情形时有发生，电子识别较为成功的深圳法院，准确率也仅在70%左右。（见图1）

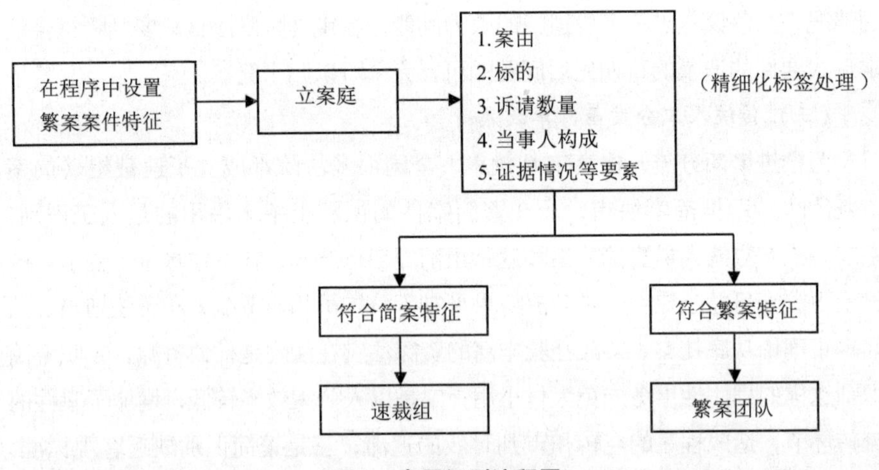

图1　电子识别流程图

（二）立案、审前、审判分层识别

在充分尊重当事人程序选择权的基础上，以案件审判阶段为轴，通过立案、审前、审判的分层识别，采取主客观相统一的识别标准，力求识别方法的

① 王星光：《立识审三合一的繁简分流模式探究》，载《北京政法职业学院学报》2018年第4期。

可行性和识别结果的准确性。① 特点：（1）分为立案、审前、审判三个识别阶段，层层过滤。（2）识别标准细化，通过建立正向识别和反向排除标准，得到更高的识别准确率。（3）识别过程本身有三个环节，效率低，占用较多的司法资源。（见图2）

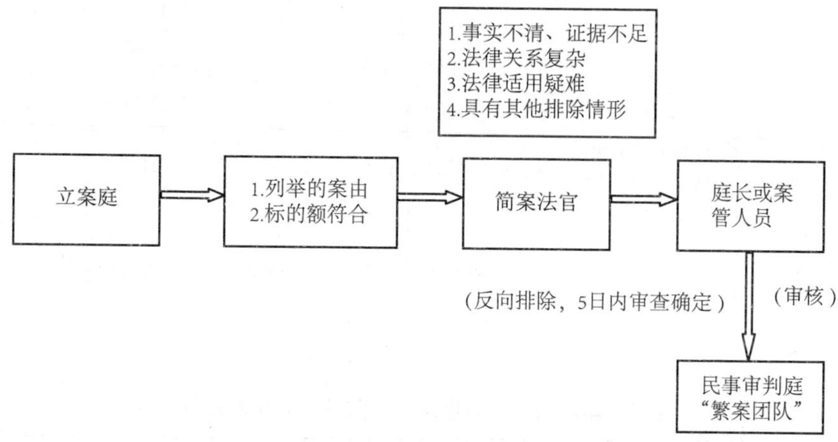

图2 立案、审前、审判分层识别的漏斗式识别

（三）立识审三合一

立识审三合一的繁简分流模式，将资深的员额法官充实到立案窗口，实行轮流的窗口值班与窗口审理，立案中识别为简易的案件，由该员额法官继续审理；识别为复杂的案件，直接流转至业务庭室按照普通程序进行审理的一种模式。参见王星光：《立识审三合一的繁简分流模式探究》，载《北京政法职业学院学报》2018年第4期。特点：（1）采用门诊式庭审方式提高庭审效率，在移动微法院普及的今天具备实现的条件与可能。（2）由资深法官主观判断繁简，在窗口实现分流。（见图3）

① 江苏省宿迁市中级人民法院课题组：《权利保障抑或效率优先：民事案件繁简分流中的简案识别机制研究》，载《深化司法改革与行政审判实践研究》，人民法院出版社2017年版，第535页。

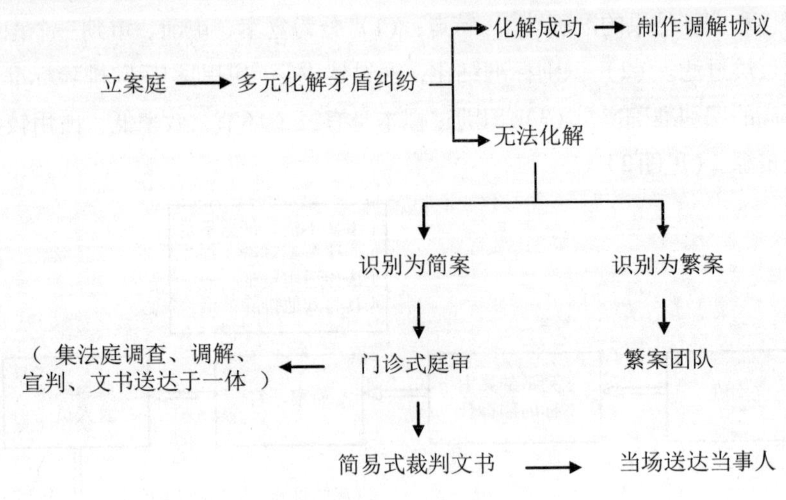

图3　立识审三合一流程图

表1　基层法院民商事案件繁简识别的探索样态

	电子识别	立案、审前、审判分层识别	立识审三合一
程序	（1）事先在电子系统输入识别标准与流程 （2）输入信息，系统得到分类结果	（1）立案阶段根据案由、标的额客观性、类型化识别 （2）审前阶段根据案件事实、法律关系、法律适用进行经验型个案式识别 （3）审理阶段对识别错误的案件进行救济性处理	（1）员额法官在立案窗口立案，并组织调解 （2）采用门诊式庭审，将法庭调查、调解、宣判、文书送达等集中完成 （3）员额法官识别为简案的，撰写简易裁判文书；识别为繁案的，移送繁案审判团队审理
优点	识别效率高	识别准确率高	给予当事人极大的便利
局限	现阶段识别标准不精细，准确率较低，造成程序空转	识别效率低；多次识别，识别工作本身占用很多司法资源	全科法官数量有限；业务能力全面的法官办理简案大材小用；立案效率变低，排队队伍变长
适用法院	案件量大的基层法院	案件量较少的法院案件量适中和较少的中基层法院	

三、实践困惑：繁简分流识别模型设计中需要考量的重点问题

（一）用户体验：以5E模型评价识别人员的使用体验

用户体验的“5E模型”，是指成功的制度设计应充分考虑用户使用所感受到的有效性（Effective）、效率（Efficient）、吸引（Engaging）、容错（Error tolerant）和易学（Easy to learn）五个因素。这五方面因素在繁简分流识别语境中，又各有其独特含义：第一，有效性，是指在前端对简案和繁案精研细判，实现简案快办、繁案精审的价值功能；第二，效率，是指在现有的案件量和人力资源条件下，通过繁简分流识别模型最有效地使用资源以达到快速准确分流的效果，满足减轻工作负担的愿望；第三，吸引，是指繁简分流识别模型能与诉前调解等多元化纠纷解决机制有效对接，引导当事人完善相关诉讼材料，采取必要的财产保全与查封，实现提升审判质效和执行效果的改革预期；第四，容错，是指繁简分流识别模型并不苛求分案结果的绝对正确，在逻辑化的筛选程序和精细化的标签设定下，个别难以识别或识别错误的案件可以通过繁简转换机制进行救济而不耗费过多的工作量。第五，易学，是指繁简分流识别模型操作应简单便捷，分案人员只需要根据工作清单按步骤进行操作，便能同步完成信息采集、储存、分析，得出最终结论，使整个分案的过程与司法流程融为一体。

（二）能级对应：案件难度和法官能力的匹配度

办案质量是审判执行工作的生命线。分案制度改革的目标之一就是通过把合适的案件分配给合适的法官审理，实现人力资源管理意义上的“能级对应”。[①] 繁简分流识别是为合理分案服务，在制度设计上应做到整体上的能级对应，既要避免“杀鸡用牛刀”，让资深法官办理大量的简案，又要避免初生牛犊的法官拿案子“练手”，办理远远超出其实际审判能力的案件，影响司法公信力。依据实际办案资历和个体业务素质差异，将法官分为资深法官（含院庭长）、普通法官和速裁法官三类，通过繁简分流识别模型及配套机制运转，分别审理大案难案[②]、普通繁案、简单案件。

---

① 陈显江、张坚：《寻找案件分配的阿基米德支点》，载《山东审判》2011年第5期。

② 本文所谓的“大案难案”是指区别于普通繁案的复杂案件。大案主要是指社会影响力较大的案件；“疑难案件”通常具有两个向度，具体包括疑问和困难两个层面，前者更多的指涉案件事实的争议，而后者则关系到法律本身的困难。

图4　案件难度和法官能力的能级对应

（三）因案而异：简案类型有限性和当事人效率期待最大化之间的矛盾

任何一套法律程序，之所以是公正的，在很大程度上是符合效率原则的。[①] 随着案多人少的矛盾日益尖锐，当事人对快审快结的司法需求明显上升。诉讼程序应当以‘当事人为中心’而构建，尊重当事人的意愿，保障其权利和自由，让其发挥决定、支配和主导作用。[②] 然而，很多案件事实不清，争议较大，不宜作为简案速裁，但当事人的现实窘境又迫切需要司法救济，尤其是工伤赔偿纠纷、交通事故纠纷、追索劳动报酬等涉民生案件。对于这类案件，繁简分流识别模型设计时应试图在当事人实体权利保障与诉讼程序高效之间取得平衡，注重法律效果与社会效果的统一。

（四）和而不同：模型建构后人工识别与AI识别的契合

司法流程智能化是不可逆的趋势，从人工识别过渡到智能识别只是在等待更加符合司法需求的运算法则。智能分案平台在技术上不难实现，建构的难度在于如何解构要素和设置规则，在识别的关键环节设置精细化的标签，通过不断校验和完善得到正确率最高的识别算法。和而不同，方为大同。在各地区识别标准不一，AI识别短期内难以全面推广的背景下，繁简分流识别的模型设计应脉络清晰，层层递进，既能提高人工识别的效率，又能升级为AI识别精细化的算法。AI识别作为数据程序，从诞生伊始便严格遵循运算法则，在if、then、false、true之间交替运行，繁简分流模型建构也应当遵循该基本运算法则。

---

① 王利明：《司法改革研究》，法律出版社2000年版，第76页。

② 唐力：《当事人程序主体原则》，载《现代法学》2003年第5期。

四、路径设计：繁简分流立识二合一模型之建构

在全面推进司法改革的时代背景下，以优化司法活动流程、提高诉讼服务效率为目标，充分借鉴了立识审三合一模式和立案、审前、审判分层识别的模式后，笔者提出了立识二合一的设想，由资深法官在分析繁简案件特征的基础上，运用决策树算法和清单化管理，设计识别模型，编制识别清单，供立案窗口人员或智能分流平台参照执行，进一步提高识别准确率，扩大简案快审的比例。

（一）理论工具：决策树算法和清单化管理的应用

1. 决策树算法：分类佼佼者

决策树（Decision Tree），是将数据以树枝分叉结构展示，通过决策规则获得分类结果的模型。案件要素的解构与繁简规则的确立是繁简识别的核心。从案件程序和实体入手，由资深法官集体讨论，归纳总结出每个案由的相关要素，将难以描述的经验型识别能力转化成可以预测未知实例的树状模型，繁简分流的识别规则系每一条从根结点（对最终分类结果贡献最大的属性）到叶子结点（繁案/简案）的路径，尝试将分案的审判实践经验逻辑化、可视化。决策树算法的优势在于，它不仅简单易于理解、高效实用，而且与 if，then，true，false 的运算法则十分契合。构建一次，就可以多次使用，或者只对树模型进行简单的修剪就可以保持其分类的准确性。

2. 清单化管理：认知防护网

美国学者艾利森曾认为，在政策目标的实现过程中，方案的功能只占10%，而90%取决于有效执行。① 换言之，从审判实践经验到实际操作，需要一张简单、易于操作的清单将识别过程细化、量化、列出切中要害的关键点，保障分案人员准确识别。清单的作用就是把大脑超负荷的记忆工作外包给清单，将流程性事物从依靠经验及回忆转向可视化的强制约束，从而解放脑力，保证重要环节不被遗漏、确保任务得到准确执行。②

---

① 转引自浙江省武义县人民法院 课题组：《规制审判活动“无能之错”问题研究－－以清单式管理方法为路径选择》，载《司法体制综合配套改革与刑事审判问题研究——浙江省法院第28届学术讨论会论文集》，人民法院出版社2018年版，第23页。

② 参见浙江省武义县人民法院 课题组：《规制审判活动“无能之错”问题研究——以清单式管理方法为路径选择》，载《司法体制综合配套改革与刑事审判问题研究——浙江省法院第28届学术讨论会论文集》，人民法院出版社2018年版，第25页。

（二）程序识别：繁简案件的各行其道

第一类是应当归于简案的特别程序：（1）民事诉讼法第十五章规定的特别程序：选民资格案件，宣告公民失踪、死亡案件，认定公民无行为能力、限制行为能力案件，认定财产无主案件。2012 年民事诉讼法修正后新增的确认调解协议效力、实现担保物权案件。（2）其他特别程序：督促程序、公示催告程序。

第二类是调解前置的案件：《操作规程》第九条规定的家事纠纷、相邻关系纠纷、劳动争议纠纷、交通事故赔偿纠纷、医疗纠纷、物业纠纷、消费者权益纠纷、小额债务纠纷、申请撤销劳动争议仲裁裁决纠纷应当引导当事人委托调解；其他适宜调解的纠纷，也可以引导当事人委托调解。

第三类是应当归于繁案的案件：（1）上级人民法院发回重审、指令立案受理、指定审理、指定管辖，或者其他人民法院移送管辖的案件；（2）再审案件；（3）被告在三人以上的；（4）需要审计、鉴定、评估的；（5）其他不宜速裁的案件。

第四类是应当归于繁案的案由：有产可破或涉及重整的破产案件、医疗损害责任纠纷、知识产权类纠纷、执行异议之诉、第三人撤销之诉、环境资源纠纷、以及涉农、涉拆迁、涉集体组织成员权益等疑难民事案件。

这里需要说明的是，很多法院将标的额的大小作为繁简分流的标准，认为标的额较小的案件适宜作为简案处理；标的额较大的案件案情重大，适宜作为繁案。但在司法实践中会发现，标的额较大的案件往往当事人约定内容清楚，权利义务关系明确，审理难度并不大。因此，笔者认为，标的额和繁案简案并不存在明显的正相关。

（三）实体甄别："关键点"比"大而全"更重要

案由是根据案件所涉及的法律关系的性质进行概括后形成的案件名称，对于同一法律性质的案件来说，在审理过程中需要着重查明的事实关键点和证据都有极大的相似之处，我们可以根据民商事案件的案由来储存案件的相关数据，抽象出疑难案件和简单案件分别对应的相关关系要素，进行分门别类的储存。①

① 高伟、秦杰：《大数据视野下民商事案件繁简分流机制研究》，载《法院改革与民商事审判问题研究（上）——全国法院第 29 届学术讨论会获奖论文集》，人民法院出版社 2018 年版，第 542 页。

根结点1：优先级警示梯度的设置。为消弭“大而全”和“简而精”之间的矛盾，笔者在模型中设置了优先级警示梯度，弥补传统繁简分流模式的缺陷。案件处理应分清轻重缓急，分案人员在实体甄别阶段发现以下情况的，不论繁简，负责合理分配给审判团队并提醒其注意：（1）涉信访、涉群体诉讼、涉政府重点工作、涉乡科级以上干部、涉规模以上和重点扶持企业等社会影响较大的案件；（2）需紧急处理的案件，尤其是涉民生案件，如劳动争议类批案；（3）当事人存在其他关联案件，可能影响案件审判的，如曾因同类纠纷涉嫌虚假诉讼或列入套路贷名册的；（4）需要统一裁判尺度的系列案件，比如商品房预售合同纠纷，拆迁引发的相关纠纷等；（5）其他需要提醒的案件。

根节点2：常见诉讼请求的列举。以离婚案件为例，有几个繁简分流的重点要素指标，比如是否涉及未成年子女抚养权、是否涉及夫妻共同债权或债务的分割等诉讼请求。通常诉讼请求多的、涉及财产分割的为繁案，诉讼请求少的、结婚时间短、无财产无子女的为简案。

根节点3：关键事实和证据的归纳。以民间借贷案件为例，一般仅涉及单笔借款，且证明借贷合意、借贷事实形成的借条、书面付款凭证等均能对应的，为简案；若付款凭证指向的借贷合意或借条指向的借贷事实是否实际发生处于真伪不明的状态，或涉及多笔借还款往来的，则为繁案。

根节点4：当事人案件争议的排查。事实争点的整理，应把握“要件因素——影响因素”原则，避免无关的细枝末节的干扰。以建设工程施工合同为例，若工程已经结算，争点仅是款项何时到位的，完全可以划分为简案；但如果争点涉及工程质量、竣工结算、工期违约等的，则为繁案。

根节点5：新类型案件的辨识。新类型案件刚出现时一般被认定为繁案，但随着裁判规则逐渐形成，就可能变为简案。现阶段，涉及基因编辑、比特币、人工智能等新类型案件应当划分为繁案。

根节点6：法律适用难点的判断。确定生活事实与法律规范之间的关系的思维过程人们称之为“涵摄”。① 涵摄的实现，或者说案件事实行为类别归属的实现，根本上是一个法律解释的问题。② 在“涵摄”的过程中，有些案件即

① ［德］魏德士：《法理学》，丁小春、吴樾译，法律出版社2003年版，303页。

② 陈云真：《解释法律还是法律解释：法官释法的主观和客观》，载《司法体制综合配套改革与刑事审判问题研究——浙江省第28届学术讨论会论文集》，人民法院出版社2018年版，第231页。

使事实清楚，但事实行为“法律概念”上的类别归属存在争议，如口水油是否属于“有毒、有害食品”，国企公司事务的承包方是否属于“国家工作人员”，需要法官进行具体化的分析，作出法律解释。法律适用的难点，应当归于繁案，通常只有资深法官才能快速准确地识别，立案窗口的工作人员不可能通过短期的培训而拥有识别的能力，智能分流电子平台目前也无法通过精妙的算法进行分辨。因此，立案阶段的繁简识别到根节点5即可，分案员对是否属于法律适用难点存在疑惑的，应当将案件划分为繁案。

（四）可视化模型：立识二合一

根据程序、案由、实体三个参照维度，笔者提出基层法院民商事案件“先程序、后实体”的立案窗口五重过滤繁简识别可视化模型，供立案窗口人员或智能分流平台参照执行。第一步：收到案件后，结合案件情况，判断是否需要设置优先级的提醒；第二步：在程序上确定案件是否属于特别程序、调解前置案件及应当归于繁案的案件。若是，则分别移送速裁组（司法确认）、委托调解、繁案审判团队（普通合议庭），委托调解未成功的案件直接进入第三步识别程序；第三步：根据案由，确定是否属于应当属于繁案的案件，若是，则移送繁案审判团队；第四步：实体甄别，细化正反向分案标准，结合诉讼请求、事实证据和案件争议等要素，根据资深法官设计的识别模型，确定是按简案还是繁案处理；第五步：依照社会经验，辨识是否属于新类型案件。

在繁简分流的决策树模型投入使用以后，我们可以通过人工识别的实践和反馈不断修剪决策树，待决策树模型优化升级后直接应用到人工智能识别。用决策树的算法来展现资深法官甄别繁简案件的思维过程，可以通过下图5表简单地勾勒出来。

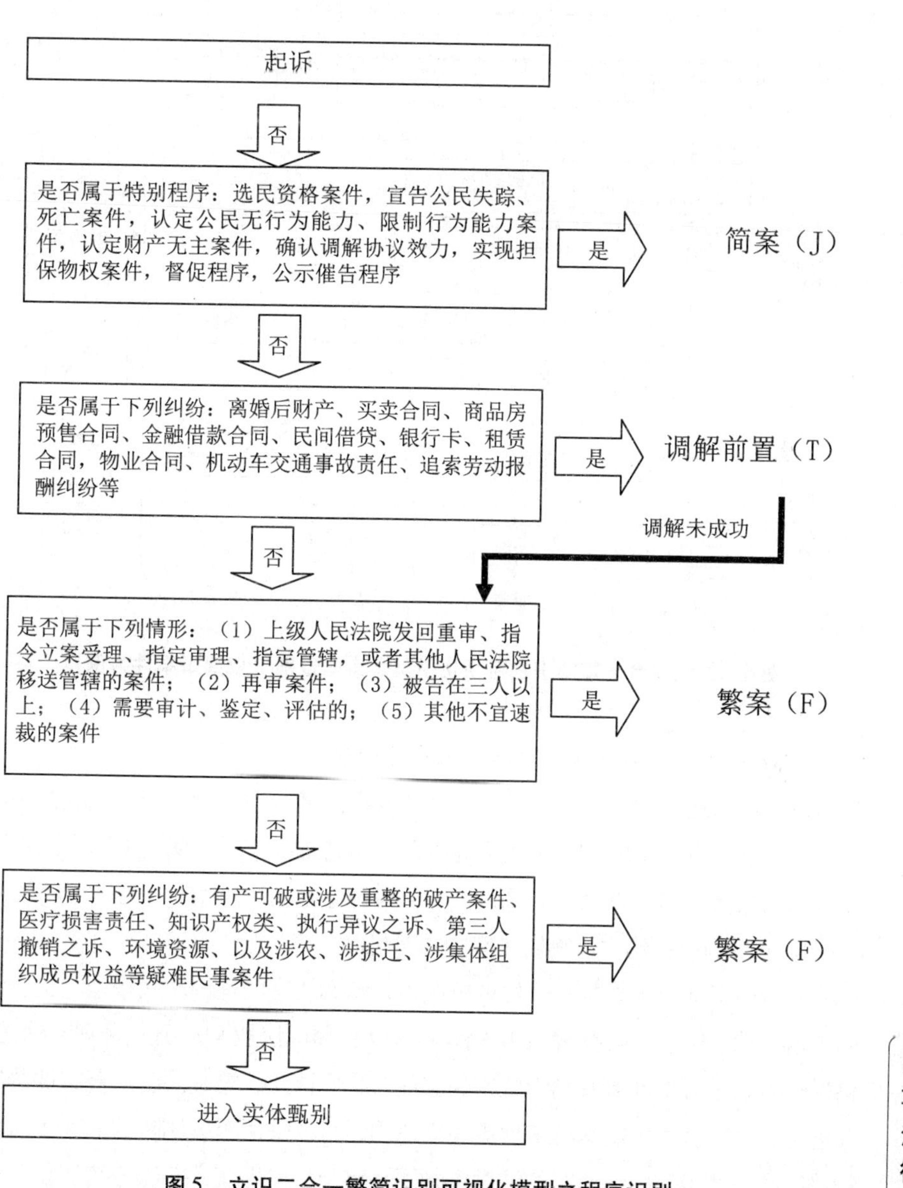

图5　立识二合一繁简识别可视化模型之程序识别

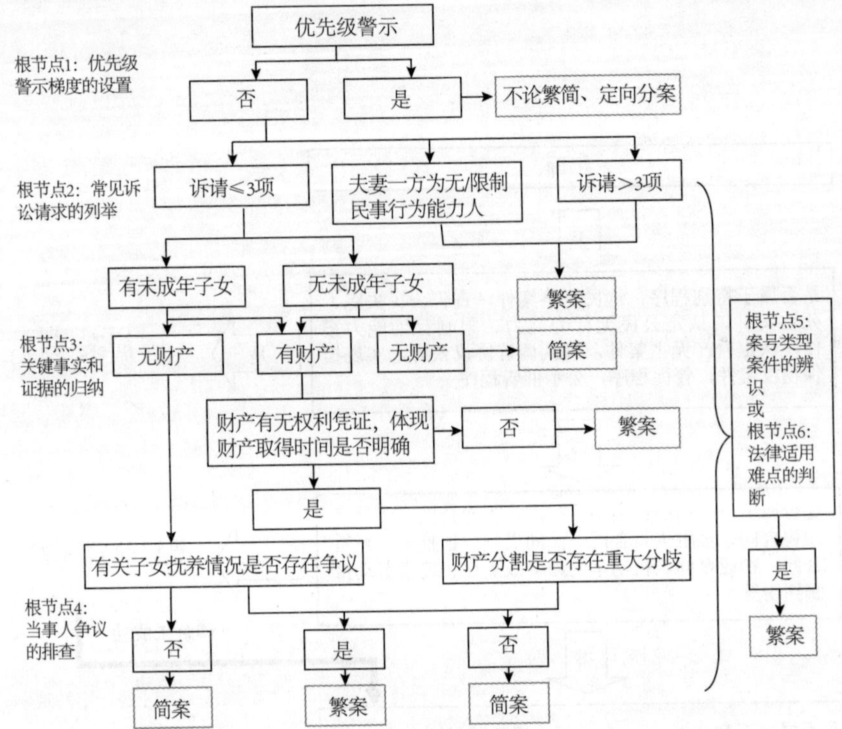

图6　立识二合一繁简识别可视化模型之实体甄别（以离婚案件为例）

（五）程序转换：遵循单向性消除重复劳动

识别不当退回立案庭重新分流容易造成案件多次识别和流转，既浪费司法资源，又造成审限空转。为避免重复劳动，阅卷或庭审后发现繁案简案识别不当应如何救济，应建立怎样的流转机制值得讨论。

1. 一步到位：建立繁案转简案的结对机制

简案被识别成繁案的，一种观点认为，繁案法官的理论功底较强、实践经验丰富，继续审理不会损害当事人的实体权利和诉讼权利；另一种观点认为，移送给简案法官审理更有利于效率的实现。我们认为，繁案法官结合案件的审理进度，确实认为由简案组审理更为合适的，可以采用繁案团队与简案团队的结对制度，直接交由速裁组的结对审判团队审理，实现案件一次分流到位。关于繁案转换为简案的争议较小，此处不再赘述。

2. 殊途同归：实现简案转繁案的良性循环

司法实践的智慧不可小觑，以下三种简案至繁案的转换方案是各地法院就

繁简识别错误的救济路径作出的有益探索，可作借鉴。(见下表2)

表2　人民法院繁简转换的实践模式分析

	庭内处理模式	结对子衔接模式	院庭长带头办难案模式
做法	在速裁庭内配备一名资深法官，当其他速裁法官在办案中遇到繁案时，可将该案移交资深法官办理，原承办法官仍然作为合议庭组成人员参与该案的审理	一个速裁团队对应一个普通团队，速裁团队在审理中发现不符合速裁条件的，由主管院长审核后将案件直接转入结对普通团队审理，不再回流立案庭，实现一次性分流	速裁法官认为办理难度过大的，可通过申请交由庭长或副庭长承办，院领导承担繁案的兜底化解职责；确实需要移交繁案审判团队的，结合法院情况限定每年移交的案件数量
优点	减少庭室之间协调的沟通和时间成本；减轻对当事人的影响；培养年轻法官的业务能力	避免了审限无故延长，法官之间、业务庭之间相互推诿、相互埋怨的情形	尽可能将案件化解在速裁组内部；发挥院庭长在重大、疑难、新型案件上的示范和引领作用，确保效率与质量齐头并进
局限	一个合议庭两名员额法官不符合基层法院的效率要求	不利于普通团队间为了繁案精审而实现类型化分工	仅适合繁简识别准确率极高的法院

三种模式均旨在减少案件流转的时间成本，将繁案分别流转至速裁庭的资深法官、普通团队、院庭长，为繁简转换提供了现实的、可供参考的实践范本。到底采用何种模式，除权衡利弊外，各法院还需要结合自身需求进行选择和创新。

结　语

繁简分流是法院为提升审判质效，提高司法服务能力开展的自我革命。分案是人民法院开展审判工作的入口环节，承载着连接立案窗口到具体承办法官的纽带功能。① 在立案阶段依法合理对案件进行繁简归类，才能最大化地利用司法资源，使得人尽其用，案件各行其道。本文的探索只是初步的，只有将繁简分流理念贯彻到各个环节，尊重群众差异化的司法需求，才能在更高水平上实现司法公正与诉讼效率的有机统一。

债务履行期限届满前以物抵债的性质

薛 枫 王 存**

内容摘要： 以物抵债相关规定尚未上升到法律位阶，各地法院关于债务履行期限届满前以物抵债性质认定的裁判尺度不统一。通过相关规范性文件梳理，明确以物抵债协议的内涵。探究最高人民法院阐释以物抵债的心路历程，有的放矢剖析以物抵债的性质。以物抵债与流质实质无二，诺成合同逐渐增加的趋势无法倒推出以物抵债的诺成性，抵债物作价公允的前提与协议签订时当事人地位差异矛盾的化解，避免当事人不必要的诉累，维护法律关系的稳定性客观上要求以物抵债的性质应为实践合同。

关键词： 以物抵债　实践合同　诺成合同　限制选择

认识新常态，适应新常态，引领新常态，是我们必须把握的经济发展大逻辑。经济发展新常态下，交易模式日趋丰富多彩，以物抵债作为新型债务履行方式已非鲜见，适用范围日益扩大，其在督促债务人及时履行义务、保障债权人利益等方面的作用日益突出。但现行法律未对此制度明文规定，各地法院对以物抵债协议的性质认定标准不尽相同，导致在债务履行期限届满前以物抵债的效力界定颇有分歧，裁判尺度亦不统一，影响了类似案件的司法公信力。亟

① 参见最高人民法院司法改革领导小组办公室：《〈最高人民法院关于完善人民法院司法责任制的若干意见〉读本》，人民法院出版社2015年版，第65页。

** 作者单位：江苏省南京市中级人民法院。

需明确以物抵债协议的内涵和性质，以期对以物抵债制度的建立和有关规范性文件的完善有所裨益。

一、以物抵债的内涵

何为以物抵债？这是界定其性质首先要明确的事项。以物抵债不是含义明确的法律术语，而是对实践中类似情况的抽象性归纳，有关阐述散见于各类规范性文件，对其内涵的解读可谓见仁见智。

（一）穷本溯源：以物抵债在规范性文件中的出处

以物抵债最早在 1999 年 2 月 1 日起实施的《中国银行以物抵债管理办法（试行）》中出现，该办法第二条规定："本办法所称以物抵债，是指债务人将事先抵押、质押给债权银行的财产或者其他非货币财产折价归银行所有，用以偿还银行债务。债务人不履行到期债务，银行作为抵押权人或质押权人依法拍卖或变卖抵、质押财产，并以变现所得优先受偿的，不属于本办法所指以物抵债范围。"2000 年 8 月 30 日，交通银行出台《关于印发〈交通银行以物抵债管理办法〉的通知》（交银发〔2000〕64 号）。财政部于 2001 年 8 月 3 日作出《财政部关于金融资产管理公司接受以物抵债资产过户税费问题的通知》（财金〔2001〕189 号），通过部门规章的方式，对金融资产管理公司接受以物抵债资产过户时有关税费问题下发通知。《最高人民法院关于适用〈中华人民共和国民事诉讼法〉的解释》（法释〔2015〕5 号）第四百九十三条规定："拍卖成交或者依法定程序裁定以物抵债的，标的物所有权自拍卖成交裁定或者抵债裁定送达买受人或者接受抵债物的债权人时转移。"《最高人民法院关于适用〈中华人民共和国物权法〉若干问题的解释（一）》第七条规定："人民法院、仲裁委员会在分割共有不动产或者动产等案件中作出并依法生效的改变原有物权关系的判决书、裁决书、调解书，以及人民法院在执行程序中作出的拍卖成交裁定书、以物抵债裁定书，应当认定为物权法第二十八条所称导致物权设立、变更、转让或者消灭的人民法院、仲裁委员会的法律文书。"有关以物抵债最新的司法解释是于 2018 年 3 月 1 日起施行的《最高人民法院关于执行和解若干问题的规定》（法释〔2018〕3 号），其第六条规定："当事人达成以物抵债执行和解协议的，人民法院不得依据该协议作出以物抵债裁定。"由此可见，以物抵债相关规定目前尚未上升到法律位阶，亦无统一的规范性解读。

（二）见仁见智：以物抵债的不同解读

囿于法律规定缺乏，理论和实务界对以物抵债认识和理解存在分歧，可谓见仁见智。史尚宽认为，以物抵债协议是指债权人受领他种给付以代替原定给付，而使债之关系归于消灭的合同。① 日本学者我妻荣认为，以其他给付替代原给付，从而使债权消灭的债权人与给付人之间的契约②，也就是代物清偿。某法院会议纪要认为，以物抵债是债务人与债权人约定以债务人或经第三人同意的第三人所有的财产折价归债权人所有，用以清偿债务的行为。③ 通说认为以物抵债是"当事人双方达成以他种给付替代原定给付的协议。"④ 统观上述观点，以物抵债采用合同的方式，即以物抵债协议，是为实现债务的清偿，各方当事人协商一致确定债权人在原债权范围内受领债务人或第三人所有的财产，原债权债务关系归于消灭的合同。笔者认为，用以抵偿债务的财产包括有价证券、房屋或者其他地上建筑物、交通运输工具、生产设备和办公设备、原材料和半成品等，与原定给付不同的动产或者不动产。

按照以物抵债的设定时间不同进行分类，分为债务履行期限届满前以物抵债和债务履行期限届满后以物抵债两大类。物权法第一百九十五条第一款规定，债务人不履行到期债务或者发生当事人约定的实现抵押权的情形，抵押权人可以与抵押人协议以抵押财产折价或者以拍卖、变卖该抵押财产所得的价款优先受偿。协议损害其他债权人利益的，其他债权人可以在知道或者应当知道撤销事由之日起一年内请求人民法院撤销该协议。第二百一十九条第二款对动产质权有类似规定。由此可见，债务履行期限届满后以物抵债协议的效力已被法律明文确认，笔者对此情况下的以物抵债效力不再赘述，如无特别说明，后文出现的以物抵债仅指债务履行期限届满前的以物抵债协议。

二、最高人民法院阐释以物抵债的心路历程

最高人民法院在不同时间的公报案例、司法解释中阐释了对以物抵债的不同观点，笔者节选四个有代表性的案例、文件，探究其观点演变过程，进而有的放矢地剖析以物抵债的性质。

---

① 史尚宽：《债法总论》，中国政法大学出版社2000年版，第814页。

② ［日］我妻荣：《新订债权总论》，王燚译，中国法制出版社2008年版，第265页。

③ 《江苏省高级人民法院〈关于债权债务案件审理中以物抵债问题的纪要〉》第一条第一款。

④ 崔建远：《以物抵债的理论与实践》，载《河北法学》2012年第3期。

2012年第6期《最高人民法院公报》刊登了《成都市国土资源局武侯分局与招商（蛇口）成都房地产开发有限责任公司、成都港招实业开发有限责任公司、海南民丰科技实业开发总公司债权人代位权纠纷案》，该案的“裁判摘要”明确：“债务人与次债务人约定以代物清偿方式清偿债务的，因代物清偿协议系实践性合同，故若次债务人未实际履行代物清偿协议，则次债务人与债务人之间的原金钱债务并未消灭，债权人仍有权代位行使债务人的债权。”即明确了代物清偿协议的性质是实践性合同，如果代物清偿未实际履行，则原债务并不因此而消灭。

2015年9月1日起施行的《最高人民法院关于审理民间借贷案件适用法律若干问题的规定》（法释〔2015〕18号）第二十四条规定，“当事人以签订买卖合同作为民间借贷合同的担保，借款到期后借款人不能还款，出借人请求履行买卖合同的，人民法院应当按照民间借贷法律关系审理，并向当事人释明变更诉讼请求。当事人拒绝变更的，人民法院裁定驳回起诉。按照民间借贷法律关系审理作出的判决生效后，借款人不履行生效判决确定的金钱债务，出借人可以申请拍卖买卖合同标的物，以偿还债务。就拍卖所得的价款与应偿还借款本息之间的差额，借款人或者出借人有权主张返还或补偿。”

2015年12月24日，最高人民法院出台的《关于当前商事审判工作中的若干具体问题》指出，“债权人与债务人在债务履行期届满前就作出以物抵债的约定，由于债权尚未到期，债权数额与抵债物的价值可能存在较大差距。如果此时直接认定该约定有效，可能会导致双方利益显失公平。所以在处理上一般认为应参照《物权法》关于禁止流押、流质的相关规定，不确认该种情形下签订的以物抵债协议的效力。在后果处理上：如果此时抵债物尚未交付给债权人，而债权人请求确认享有抵债物所有权并要求债务人交付的，不予支持。……如果此时抵债物已交付给债权人，参照《物权法》中质押的有关规定，债务人请求债权人履行清算义务或主张回赎的，法院应予支持。”即以物抵债参照禁止流押、流质的相关规定，一般认定为无效合同。

2017年第9期《最高人民法院公报》刊登的《通州建总集团有限公司与内蒙古兴华房地产有限责任公司建设工程施工合同纠纷案》，“裁判摘要”中明确：“对以物抵债协议的效力，履行等问题的认定，应以尊重当事人的意思自治为基本原则。一般而言，除当事人有明确约定外，当事人于债务清偿期届满后签订的以物抵债协议，并不以债权人现实地受领抵债物，或取得抵债物所有权、使用权等财产权利，为成立或生效要件。只要双方当事人的意思表示真实，合同内容不违反法律、行政法规的强制性规定，合同即为有效。”即债务清偿期届满后的以物抵债协议一般情况下应认定为诺成性合同。

综上，可以看出最高人民法院对以物抵债协议性质的认定由实践性向诺成性转变，但对债务履行期限届满前以物抵债的性质并未明确，对其效力持否定观点。

三、以物抵债的性质及构成要件

欲探讨以物抵债的效力，应先明确以物抵债的性质，性质决定了构成要件和生效条件，主要包括以物抵债协议是诺成合同还是实践合同，即以物抵债协议的诺成性与实践性之争。

以物抵债诺成说认为，以物抵债是诺成合同，以尊重当事人意思自治为基本原则，当事人协商一致，以物抵债协议即成立，不以他种给付的实际履行为生效前提，完成对债之标的物的变更，新债替代旧债，如果债务人未按照以物抵债履行，则债权人有权按照代替物实现债权。其成立要件为：一须原有债权债务关系存在；二须以他种给付代替原定给付的合意；三须原给付与他种给付价值相当且种类不同。

以物抵债实践说认为，以物抵债是实践合同，以债权人实际受领他种给付为成立要件，如果债务人未实际履行给付，以物抵债未成立，债权人可依据原债权主张。笔者撷取极具代表性的条文，概率性地论证如下：德国民法典第364条第（1）项规定，“债权人一经受领他种给付以代替履行债务给付时，债的关系即告消灭。”① 我国台湾地区“民法”第319条规定，“债权人受领他种给付以代原定之给付者，其债之关系消灭。”② 其成立要件为：一须原有债的关系存在；二须以他种给付代替原定给付；三须有当事人的合意；四须清偿受领人现实受领他种给付。

笔者倾向实践说，以物抵债属于实践合同，债权人实际受领他种给付应是其成立要件，未经现实给付，该合同未成立，理由如下。

其一，以物抵债与流质实质无二，若合意即成立，违背法律规定。债务履

① 杜景林、卢谌：《德国民法典评注：总则·债法·物权》，法律出版社2011年版，第181页。
② 《简易小六法》，我国台湾地区五南图书出版股份有限公司2012年版，第343页。

行期限届满前，当事人在设立担保物权时约定，当债务人不履行债务时，由债权人取得担保物所有权的合同称为流质契约或流质条款，该内容的无效不影响担保合同其他部分内容的效力。笔者认为，以物抵债虽然与流质表述方式不同，但就其实质，两者相似，均是在债务履行期限届满前达成的协议，约定以一定具有财产价值的标的物抵偿债务，本质上是为了担保债权的实现，亦未明确债务届期未获清偿时以抵债标的物进行清算为必需，以物抵债实质上属于流质。流质契约滥觞于罗马法，被多数国家立法禁止，我国物权法第一百八十六条规定："抵押权人在债务履行期届满前，不得与抵押人约定债务人不履行到期债务时抵押财产归债权人所有。"第二百一十一条规定："质权人在债务履行期届满前，不得与出质人约定债务人不履行到期债务时质押财产归债权人所有。"上述两条规定，彰显了明令禁止流质的立法本意，旨在通过给予流质契约效力的否定性评价，来平衡债权人与债务人的利益、避免虚假诉讼。同样事项，同样处理，流押、流质的禁止规定理应类推适用于以物抵债协议，以物抵债也应采用同样的效力规范模式，当然具有实践性。

其二，诺成合同逐渐增加的趋势无法倒推出以物抵债的诺成性。以物抵债诺成性的理由之一是近代民法多采用合同自由原则，未强制规定于合同类型，且实践性合同类型呈现出逐渐减少趋势。由于绝大多数合同都从双方达成合意时成立，属诺成合同；而要物合同则必须有法律特别规定，已属特殊合同。[①]法律虽然对于以物抵债协议是否为要物合同并无明确规定，但并不排除当事人基于意思自治而约定协议以债权人现实地受领抵债物或者取得抵债物所有权、使用权等财产权利为成立要件，在当事人基于真意而明确作出上述约定时，一般应认定构成代物清偿，为要物合同。[②] 按照以物抵债诺成说，因我国现行法律未规定以物抵债协议属于要物合同，则其应属于诺成合同。笔者认为，上述观点存在逻辑错误，难以成立。如前所述，我国现行法律对以物抵债未作明文规定，并非未明确规定其属于实践性合同，上述观点以法律未规定的制度推导出法律对以物抵债实践性的否定，略显片面，有违逻辑。此外，近代民法实践合同日益萎缩的沿革趋势是在梳理汇总古今中外大量民商事法律制度的基础上得出的统计结论，无法据此倒推出以物抵债必须符合该趋势，更不能因此认定

① 韩世远：《合同法总论》，法律出版社2011年版，第59页。

② 司伟：《债务清偿期届满后以物抵债协议的性质与履行》，载《人民司法》2018年第2期。

以物抵债的诺成性。以物抵债的性质的认定应综合制度设立的动因初衷、规范本身的合法性合理性、与现实社会的融洽程度，如果仅简单刻意迎合某种趋势，反而会使制度渐渐丧失本色和特质。以物抵债的目的和主要作用是用他物抵原债务，如果仅有抵债之合意，而无所抵物之实际给付，原债务并未消灭，以物抵债之目的难谓实现。

其三，抵债物作价公允的前提与以物抵债协议签订时当事人之间的地位差异的矛盾，他种给付的现实给付可以有效化解此矛盾。债务履行期限届满前，因财产的升值或贬值因素，抵债物的价值存在不确定性，存在抵债物将来实际实现价值与原债务金额存在差距的风险，为避免或者降低这种风险，债权人要求所抵之物的价值略高于债务数额，甚至两者价值相比畸高或者畸低，容易引发显失公平的风险，更有虚假诉讼，对案外人利益造成损害的潜在可能性。抵债物作价公允是以物抵债协议有效的前提，价值悬殊的以物抵债协议在法律实务中被给予否定性评价，常被认定为无效合同或可撤销合同。给予当事人在达成合意后实际交付前审慎评估风险收益的机会，即使债务人反悔，不履行现实给付，仍按原债权债务关系履行，既未增加债务人收益，也未损害债权人的利益。

其四，避免当事人不必要的诉累，维护法律关系的稳定性客观上要求以物抵债的实践性。债务人多因急迫需要才签订以物抵债协议，在此情况下，容易陷入显失公平的困境。以物抵债诺成说对此已有认知，但认为利益失衡的以物抵债可以通过显失公平规则来调整，技术操作层面貌似合理，但实际效果却有待商榷。撤销权有严格的除斥期间限制，可撤销事由的举证相对困难，显失公平的衡量标准相对主观，以物抵债诉讼中交叉撤销权的认定和裁处，以物抵债容易为虚假诉讼所利用，这既对司法实务工作者提出更高的要求，“按下葫芦浮起瓢”“一波未平一波又起”，也增加了当事人的诉累。如果此类制度效力认定标准在实践中盛行，不但可能拖债权人或债务人个体陷入诉讼泥沼，市场秩序或公平交易的法律环境也可能因此而破坏。如果一项制度的出现，使其调整的经济社会关系处于不确定状态，甚至超出理性人的合理预期，而试图通过另一制度来填补漏洞，那么该制度的科学合理性有待考究。以物抵债法律关系的稳定性要求坚持实践性。

[新类型疑难案例选评]

龚汉某诉陈晓某、陈某、姜某、石俊某债权人撤销权纠纷案

范纪强　黄　晴*

【裁判要旨】

债权人撤销权属于债的保全，一定程度上突破了合同相对性原则，债权人在行使撤销权时其对象及范围应当有所限制。当财产被连续多次转让时，债权人行使撤销权时，一般仅可对债务人及受让人的转让行为行使撤销权，而不得向转得人及后手行为再行撤销权。

【基本案情】

原告：龚汉某

被告：陈晓某

第三人：陈某

第三人：姜某、石俊某

2012年11月14日，案外人南通三合船务有限公司因经营需要向原告借款50万元整，被告陈晓某和案外人李树青、沈华群作为连带责任保证人在借条上签名。借款到期后，南通三合船务有限公司未能按约还款，三保证人也未履

* 作者单位：江苏省南通市崇川区人民法院。

行保证义务，原告遂诉至法院，法院审理后作出判决，由南通三合船务有限公司一次性偿还原告借款本金50万元及该借款的逾期利息，陈晓某、李树青、沈华群对上述借款的本金及逾期利息承担连带保证责任。上述判决生效后，因南通三合船务有限公司、陈晓某、李树青、沈华群未履行判决书确定的义务，原告向本院申请执行。在执行过程中，除轮候查封的房产及车辆外，法院未发现其他可供执行的财产，裁定终结该次执行程序，裁定书载明未执行到位的标的额为505600元（不含逾期利息）。

后原告通过南通市不动产登记中心查询到：被告陈晓某名下原登记有本市凤凰莱茵苑3幢××××室以及3幢阁楼××室房屋。2014年12月17日，陈晓某与其姐姐陈某签订《赠与合同》，将上述房屋无偿赠与给陈某一人单独所有，并办理了所有权变更登记手续。2017年1月10日，陈某与石俊某、姜某签订《存量房买卖合同》，以200万元的价格将上述房屋转让给石俊某、姜某，并于2017年1月13日办理了房屋所有权变更登记手续。

原告认为被告陈晓某将案涉凤凰莱茵苑房产无偿赠与其姐姐陈某的行为系恶意逃避债务，此后陈某又将上述房屋转让他人，导致原告的债权难以实现，故将陈晓某作为被告，陈某、石俊某、姜某作为第三人起诉至法院，要求撤销被告陈晓某与第三人陈某签订的《赠与合同》以及第三人陈某与石俊某、姜某签订的《存量房买卖合同》。

被告陈晓某与第三人陈某皆辩称，原告主张的被告与第三人陈某之间就案涉房屋的无偿赠与关系不成立，双方签订赠与合同仅是为了避税，双方实际建立的是房屋买卖合同关系，而且陈某亦已实际支付了房款220万元。

第三人石俊某、姜某辩称，其与陈某的房屋买卖合同系经红峰中介居间介绍后订立，交易程序合法合理，且其二人实际以270万元价格购买案涉房屋，备案登记合同中约定的200万元房款只是为了少缴税务；另外，二人对本案原、被告之间的债务完全不知情，购买房屋行为亦与该债务无涉，该房屋已经过户至石俊某、姜某名下，二人属于善意取得。

被告及第三人分别就各自的主张进行了举证，其中：通过其分别提供的银行交易明细、还款凭证、抵押借款合同等证据可以证实，第三人陈某的确分期向被告陈晓某支付了房款共计220万元，后陈某将案涉房屋出售给石俊某、姜某，石俊某、姜某为此亦实际支付房款270万元。

【审理结果】

江苏省南通市崇川区人民法院经审理认为，债权人行使撤销权的构成要件应包括：债权人对债务人享有合法有效的债权以及债务人实施了一定的有害于债权的行为。本案中根据查明的事实和证据显示，无论是被告陈晓某与第三人陈某签订的《赠与合同》，还是第三人陈某与石俊某、姜某备案登记的《存量房买卖合同》，都存在与当事人真实意思不相符的情形。实际上，第三人陈某取得案涉房屋并非无偿接受被告的赠与，而是向其支付了房款 220 万元，陈某后将房屋出售于石俊某、姜某所有，也并非履行的《存量房买卖合同》，双方的交易实际系以《房地产买卖居间合同》为准，所交付的房款也是 270 万元非 200 万元。因此，不能认定被告陈晓某与第三人陈某之间存在无偿转让财产的事实，而就第三人陈某与石俊某、姜某的买卖合同，因实际房款 270 万元与评估后以供参考的市场价值 290 万元相较也并无明显偏低的情形，也不能认定陈晓某与石俊某、姜某之间存在低价转让债务人财产的事实。由此，因原告主张的被告陈晓某与第三人陈某之间无偿转让财产的事实不存在，故对其要求撤销《赠与合同》的诉讼请求法院不予支持。石俊某、姜某购买案涉房屋实际支付的房款与原告提供的市场评估价相比不存在明显不合理的低价，石俊某、姜某以合理的价格受让房屋，房屋已经转移登记其名下，其主观上为善意，其取得房屋为善意取得。另一方面，债权人撤销权之诉原则上只能及于受让人，而不应及于转得人，债权人行使撤销权时不得向转得人提出请求。本案中，原告的撤销权不应及于转得人石俊某、姜某，原告的该部分诉讼请求，本院亦不予支持。

江苏省南通市崇川区人民法院依照《中华人民共和国合同法》第七十四条的规定，作出如下判决：

驳回原告龚汉某的诉讼请求。

上述判决作出后，原、被告以及第三人皆未提出上诉。

［评析］

财产经多次转让时债权人不得连续行使撤销权

我国合同法第七十四条对债权人撤销权进行了明确规定："因债务人放弃其到期债权或者无偿转让财产对债权人造成损害的，债权人可以请求人民法院撤销债务人的行为。债务人以明显不合理的低价转让财产，对债权人造成损害，并且受让人知道该情形的，债权人也可以请求人民法院撤销债务人的行为。"此后《最高人民法院关于适用〈中华人民共和国合同法〉若干问题的解释（二）》第十八条中又增加规定了债务人放弃未到期债权、放弃债权担保以及恶意延长债权的履行期的行为可得撤销。债权人撤销权诉讼中，债务人的行为一经撤销，会溯及既往的产生"自始无效"的法律效果，进而影响到相对人甚至是第三人的利益。该项权利的行使既突破了合同相对性原则，从某种程度上说也限制了债务人对其财产的自由处分，因此债权人撤销权的行使条件以及行使范围必须加以严格审查。撤销债务人与受让人合同之后，债权人又要求继续撤销受让人与转得人之间的合同关系，能否得以支持，当事人的救济途径如何，我国法律未予明确，实务中尚存争议。本文即以该案为例，重点探讨一下债权人撤销权行使对象的范围问题。

一、从债权人撤销权构成要件上分析，跨越债权人与受让人之限行使撤销权缺乏逻辑支持

首先，无偿转让的财产被再次转让或设定权利负担不影响债权人撤销权之成立。依合同法之规定，债权人撤销权的法律效果为债务人行为一经撤销自始无效，按照一般的民法理论，民事法律行为无效的后果应是恢复原状、返还财产和赔偿损失。无偿的财产处分行为之撤销，受让人、受益人应负有向债务人返还原物的义务。但若被转让财产不具返还条件，如本案中第三人陈某又将案涉房屋转让石俊某、姜某所有，那么债权人是否就不能行使撤销权？答案是否定的。我国合同法关于债权人撤销权所设定的成立要件，仅为是否对债权人造成损害，而不以被转让财产是否具有可返还性为条件，即无论被转让的财产是否灭失或是被再次转让、设定权利负担等，只要确实存在债务人恶意转让财产损害债权人债权实现之情形，债权人撤销权即可实现。

另一方面，连续撤销时已不满足债权人撤销权的主体要件。本案中，原告请求撤销债务人与受让人之间的赠与合同，即便得以支持，鉴于案涉房产因受让人的再次转让行为已无法返还，故而原告再次提出撤销受让人与转得人之间合同的请求。该项请求看似仍是行使债权人撤销权的后续，实则是债权人主张行使了第二次撤销权，第一次是撤销债务人与受让人之间的行为，第二次是撤销受让人与转得人之间的行为。根据法律规定，债权人行使撤销权，首先要求债权人对债务人享有合法有效的债权，其次才是债务人实施了有害债权的行为。在债权人要求继续撤销受让人与转得人之合同的时候，债权人显然不是符合权利行使基础条件的主体，因为债权人与受让人乃至转得人并不具有直接法律关系，其对受让人亦不享有合法债权，即便债权人在撤销了债务人与受让人之间赠与合同之后，效果也是债务人拥有了要求受让人返还财产的权利，债权人本身对受让人并无债权。其既然不是受让人之债权人，受让人后续处分财产之行为，自然也不存在损害债权之说法。不能因为在债权人撤销权诉讼中，受让人被列为被告或者第三人，案件的处理对其产生影响，就当然认定受让人向债权人负有进一步的其他义务，债权人撤销权的效力之所以能基于受让人，也仅仅是基于其为债务人行为受益方或相对方。至于若受让人在受让债务人财产后再行以侵害债权人权益为目的将所涉财产恶意转移给转得人，那么债权人有权主张相应权利，也不是基于债权人撤销权，而是恶意串通损害第三人的合同无效情形。

二、从纵向法律体系看，债权人撤销权的无限行使与立法精神相悖

首先，合同相对性原则不能无限突破。无论是大陆法系还是英美法系，其合同法中都有一条共通的重要原则，就是合同相对性原则。合同的相对性原则是指合同主要在特定的合同当事人之间发生法律约束力，只有合同当事人一方能基于合同向合同相对方提出请求或提起诉讼，而不能向与其无合同关系的第三人提出请求，也不能擅自为第三人设定合同上的义务。随着商品经济的发展和市场经济体制的建立与完善，为了社会交易的效力与安全，许多国家对该原则都作出了一些例外规定，例如本案所涉及的债权人撤销权，就是为防止出现债务人因逃避债务而将其财产无偿赠与或低价转让他人，妨害债权实现，从而设置的一项赋予债权人撤销上述行为的权利。行为一经撤销，自始无效，债权人虽非合同相对方，仍有权请求第三人向债务人返还财产、恢复原状等。也就

是说，债权人与第三人虽没有直接的债权债务关系，但法律出于对债权人权利的保护，设置了该权利用以适当突破债的相对性原则，从而得以债权人一方的意思表示就使得债务人与第三人的行为自始无效的效果。尽管如此，遵守债的相对性原则仍是常态，突破才是特殊情形，因此突破的“适当性”必须予以限制，原则上应以法律的特殊规定为准，若无明确的权利规定，仍应当遵守合同相对性原则。否则，撤销权的无限行使，将在实质上使债权人的债权物权化，赋予债权追及效力，使之能够对抗第三人，这在根本上与债权的性质和效力是相悖的。债权、物权的混同、撤销权的不当连续行使，也会严重影响交易安全，与合同鼓励交易的原则相悖。

其次，债权人撤销权的性质决定了撤销并不追求特定财产的绝对返还。如前文所述，债权人撤销权作为一种突破合同相对性的权利设置，就是为防止债务人的权利滥用，通过赋予债权人一定的撤销权，而限制债务人以不当的无偿或低价转让财产行为减少自身有效财产，减弱债务偿还能力，侵害债权人权益的行为。在债权人撤销权诉讼中，但凡符合行使条件，债权人的意思表示作出即可对债务人实施的法律行为产生撤销的效果，从而溯及既往地消灭债务人财产处分行为的法律效力，使其财产恢复到处分之前的状态。从上述权利的作用角度看，债权人撤销权的性质应属于形成权。理论界虽然对权利性质的划分尚存争议，但形成权之说仍属于目前的主流观点，此种观点亦更符合我国立法的初衷，在司法实践中也更具有可操作性。债权人撤销权作为一项形成权，自然是与请求权有很大区别的。前者，债权人通过行使撤销权撤销了债权人的法律行为后，行为效力归于消灭即结束，除此之外，债权人并没有直接要求受让人或受益人返还财产的请求权。而后者，以同为保护债权而设立的债权人代位权制度为例，代位权成立后，债权人是有权直接向次债务人或第三人提出财产请求的，该权利就是一项典型的请求权。实践中让我们容易混淆的是，在债权人撤销权诉讼中，一旦权利成立，法院往往会判决受让人或受益人向债务人返还财产，似乎是请求权的内容，但这并非基于债权人的请求权，而是因被撤销的行为自始无效而产生的法定后果，且此时受让人返还财产的对象也不是债权人，而是债务人。也就是说，倘若债务人怠于向受让人或受益人主张行为撤销后的财产权利的，债权人并无权直接要求受让人或受益人向债务人返还，还得通过再次的代位权诉讼才能取得相应的财产请求权。由此不难看出，财产具备返还条件时，债权人尚且无权主张返还财产，那么所涉财产被再次转让或设定权利负担等不具有返还条件时，债权人以返还财产为目的要求继续撤销后手的行为，就更加显得不合逻辑了。归根结底，债权人撤销权作为一种保全债务人财产的制度，撤销本身只是手段，撤销后行为效力灭失的后果也是法定的，即返还财产、恢复原状和赔偿损失，立法从未将财产的绝对回归作为撤销的根本追求，若财产已不具备返还条件，则由返还义务人予以赔偿，一味苛求财产的绝对回归而罔顾债权相对性、主张继续撤销后续行为的，存在权利的滥用之嫌。

最后，交易的注意义务有轻重，对转得人的合同行为不宜过度苛责。在债权人撤销权行使的条件中，若是债务人无偿将财产转让或赠与受让人的情形，是不需要追究债务人与受让人的主观恶意的，倘若是债务人以不合理的低价将财产转让受让人，则要求受让人知道该行为有侵害债权人债权的可能。也就是说，就债务人与受让人之间的法律关系是否得以撤销，对当事人之间的主观恶意要求，根据行为的不同情形，定性存在差异。债务人进行的无偿转让行为，因为于受让人而言系无负担的获益行为，撤销后对受让人并无损害，故不要求受让人在该法律关系中存在主观恶意；但是就低价转让行为，鉴于受让人就转让行为亦支付了一定对价，撤销时应当将受让人的主观恶意作为一个考量标准，该主观恶意的举证责任仍在于债权人，若是无证据显示受让人存在主观故意（知道该情形），则撤销权亦不成立。由此可以得出，债权人撤销权在设置的时候，对不同当事人、不同法律关系、不同行为负担之间，行为人交易的注意义务是不尽相同的。纯获利行为而言，受让人负有更高的注意义务，即无论其是否知情甚至是否应当知情，但凡行为侵害了债权人利益，债务人的行为都得以撤销；而对于低价转让的行为，则要求债权人对受让人知情的事实予以举证，实践中，此种情形多存在于亲戚朋友等熟人之间的转让关系，鉴于债务人与受让人之间的特殊身份关系，对于受让人的主观方面是否存在恶意的认定，也是进行法律上的推定，即受让人无法举证证明自己不存在主观恶意的，可以推断认定为其应当知道该情形，撤销权得以支持。由此类推，在受让人与转得人之法律关系层面上，双方的交易注意义务就更加轻了，债权人与受让人和转得人皆不存在直接的法律关系，无法要求其二人在交易之时仍对财产的前手来源尽到足够的审查义务，否则显然是极不公平也不利于鼓励交易，从该层面看，债权人撤销权也不当无限跨越及于受让人与转得人之间。

三、从救济途径看，一撤到底并非债权人维权的唯一途径

对债权人撤销权行使的限制，不代表债权人就此失去其他救济途径。正如郑玉波教授所言："在无偿行为中，债务人与直接受让人之间的行为一经撤销，则视为自始无效，直接受让人视为未取得该财产权利，转得人系自无权利人处取得财产，转得人若为恶意，则不能取得财产，负有返还义务，债权人在撤销权诉讼中可一并提起返还财产之请求；而在有偿行为中，若转得人为善意，转得人可依善意取得制度取得财产。"结合当前立法，笔者认为，债权人在权利受到侵害时，存在以下救济途径。

1. 若转得人存在恶意，那么债权人本身可依据合同法第五十二条关于合同无效情形的规定，以受让人或受益人与转得人之间存在恶意串通损害第三人利益为由主张合同无效，同样达到恢复原状、返还财产或赔偿损失之效果，并不依赖再次行使撤销权。

2. 若无证据证明转得人存在恶意，在财产被再次转让的情况下，郑玉波教授提到了善意取得制度，即在转得人支付合理对价并取得财产的情形下，出于对物权对世效力的认可以及善意人的权利保护，债权人本身并无权予以撤销。但也并非债权人就完全没有救济途径。前文也曾经提及过，财产无法返还的情况下，受让人或受益人须向债权人赔偿损失，由物权请求权转为债权请求权，就该部分债权，债权人虽无权直接主张，但若债务人怠于行使，债权人在债务履行期限届满后可以通过代位权诉讼或代为执行（第三人到期债权）予以主张。

《最新法律文件解读》丛书
稿　　约

《最新法律文件解读》是一套以为最新法律规范提供同步"解读"为主的系列丛书，分为刑事、民事、商事、行政与执行4个分册，按月出版。

本丛书以"解读"为重点，突出全、专、新、快、准等特点，通过对最新出台的法律、法规、司法解释、部门规章以及重要地方性法规进行同步动态解读，弥补了法律、法规、司法解释汇编类出版物没有同步阐释、解读内容的不足，为广大读者学习理解最新法律规范，正确贯彻执行法律文件，及时解决实践中的新情况、新问题，提供一个全方位、多层面的法律信息平台。

欢迎您向以下栏目赐稿：

【最新法律文件解读】主要是对最新颁行的法律文件进行解读，帮助司法和执法人员正确理解法律文件的立法背景、意义、重点内容、在适用中应注意的问题、与相关法律文件的衔接与互动关系等等。

【司法实务问题研究】主要刊登对司法理论、实务及司法管理工作中的热点、疑难问题进行研究及评论的文章。

【新类型疑难案例选评】主要是对司法和行政执法实践中具有典型性和代表性的疑难案例，结合具体案情以及审理或处理结果进行简练精辟的点评，解析认识问题的方法、处理问题的法律依据和在个案中的具体适用。

【法学前沿与新视点】以摘要的形式刊登相关法学理论研究的最新动态及具有代表性和典型性的前沿问题，扩展法学研究的深度和广度。

【法律适用问题解答】主要针对司法和行政执法实践中面临的新问题、热点问题、疑难问题进行简要的解答，指出涉及的法律关系，明确法律适用依据。

稿件一经刊用，即付稿酬，稿酬从优。

《刑事法律文件解读》　姜　峤　邮箱：bj85250573@126.com

《民事法律文件解读》　丁丽娜　邮箱：dlnlaw@163.com

《商事法律文件解读》　路建华　邮箱：shangshijiedu@126.com

《行政与执行法律文件解读》　张　奎　邮箱：271717306@qq.com

人民法院出版社

《最新法律文件解读》丛书编辑部